AF570832

Des mêmes auteurs

• Ouvrages de Barnabé LAYE :

Nostalgie des jours qui passent (SILEX Éditions, 1981)

Les sentiers de liberté (Éditions Saint-Germain des Prés, 1986)

Comme un signe dans la nuit (Éditions L'Harmattan, 1986)

Une femme dans la lumiere de l'aube (Éditions Seghers, 1988)

Mangalor (Éditions Seghers, 1989), Prix Littéraire des Hôpitaux de Paris 1990

• Ouvrages de Liliane PREVOST :

Les écumeurs du désert ("Jeunesse", Éditions Verso, Guéret)

Sorry Bamba, de la tradition à la World Music (Éditions L'Harmattan, 1996)

ISBN : 2-7384-7817-4

GUIDE DE LA SAGESSE AFRICAINE

Liliane PREVOST et Barnabé LAYE

GUIDE
DE LA
SAGESSE AFRICAINE

L'Harmattan
5-7, rue de l'École Polytechnique
75005 Paris - FRANCE

L'Harmattan Inc.
55, rue Saint-Jacques
Montréal (Qc) - CANADA H2Y 1K9

AVANT-PROPOS

"C'est l'homme qui est
le remède de l'homme".
(Proverbe du Sénégal)

Les hommes et les femmes vivent selon un ensemble de coutumes, de croyances, d'idées, d'idéaux esthétiques régissant l'organisation de la société et l'intégration dans l'environnement. Les hommes et les femmes vivent selon leur culture. Mais, qu'est-ce que la culture après tout, sinon une série d'actes de communication. La culture, au coeur du langage, exprimant les valeurs représentatives du groupe et illustrée par l'ensemble des Arts : de la musique à la peinture, de la danse à la sculpture etc. Quels que soient les peuples, quelles que soient les civilisations, le langage est le premier vecteur de la culture.

Autrement dit, une culture, cela se parle. La Tradition orale est donc partout et au commencement de tout.

La littérature orale possède une fonction particulière dans les sociétés traditionnelles africaines. D'une part, elle est une création de toute la communauté véhiculant ses désirs, ses angoisses, ses rêves et ses pulsions. D'autre part, celui qui dit la parole (le récitant, le griot, le poète, le conteur) est reconnu comme le gardien du Verbe. Le Verbe qui crée l'espace mythologique par excellence d'où émane la conscience collective.

En Afrique tous les rites de passage, de la naissance à la mort, les réunions sous l'arbre aux palabres, les veillées autour du feu sont placés sous la haute autorité du langage. C'est lui qui, sous des formes appropriées, du conte à la fable, de la légende aux proverbes, du mythe aux énigmes et autres paraboles, imprime la primauté de la poésie et de l'initiation.

C'est un enseignement. Cette "poétique" (poésie, dans son étymologie grecque "poesis", c'est-à-dire création) est une littérature "créatrice" dont la finalité est l'organisation de la vie en communauté au sein d'un ensemble cohérent et équilibré. La poésie, ouverture au monde extérieur et à l'univers spirituel, confère à la parole sa transcendance, sa puissance et sa pérennité.

Cependant, force est de constater la fragilité de la chose dite quand il s'agit de sa transmission aux générations futures. Fragilité des hommes et des femmes qui vivent et disparaissent. Fragilité des sociétés traditionnelles face à la modernité et à l'expansion inexorable des villes créant une rupture, un déracinement progressif et l'abandon des habitudes ancestrales. Face à tous ces périls, l'Ecriture est là, auréolée de son pouvoir de gardien de la pensée, de l'Histoire, en un mot, de la parole. Elle permet la traversée du Temps et de l'Espace. Elle matérialise l'existence des Hommes.

C'est ainsi que l'Ecriture a porté jusqu'à nous la parole des Sages de l'Orient. Grâce au livre nous avons accès à la pensée du Prince Siddhartha Gontuna dit Sakyamuni le Solitaire connu sous le nom de Bouddha c'est-à-dire l'Illuminé (558-478). Il incitait ses disciples à donner aux choses la consistance qu'elles ont dans les rêves et à faire le vide en soi. A la même époque Confucius (551-479) préconisait l'étude, le retour à une vie plus austère, à une existence simple, sans ostentation. En fait, il fallait apaiser les passions.

En Occident, il y a 2 600 ans, Platon enseignait que les découvertes des hommes n'étaient que des réminiscences des Vérités que les âmes avaient acquises auprès des Dieux, avant leur naissance terrestre. La sagesse, cette Vertu qui ne pouvait être enseignée, était "le résultat d'une faveur divine."

Avec Pythagore et son école initiatique nous pouvons suivre l'enseignement sévère dispensé aux adeptes, tenus au secret le plus rigoureux. C'était une autre manière de vivre : lutter contre les passions, faire le soir son examen de conscience et chaque matin prendre des résolutions et établir le programme de la journée.

Toujours grâce au livre, nous savons qu'au IVème siècle

avant notre ère, Zénon, le stoïcien, prônait le respect de la Nature car, rien de ce qui est naturel ne peut être mauvais.

Quant à Sénèque, pour dissiper l'angoisse devant la solitude humaine, il conseillait "de se consacrer pleinement aux affaires ... et de se rendre utile à ses concitoyens et à l'humanité. (*De la tranquillité de l'âme, III*).

Dans le même sens, Marc-Aurèle estimait que "l'injustice est une impiété, que la Nature universelle, ayant constitué les êtres raisonnables les uns pour les autres, a voulu qu'ils s'entraidassent selon leur valeur respective, sans se nuire d'aucune manière." (*Pensées, LX*).

Seul Epicure enseignait une morale matérialiste dans laquelle l'âme distincte du corps n'était pas immortelle. Tout n'était que sensations, la recherche du plaisir est le bien suprême. Aussi faut-il contrôler et modérer sévèrement les passions dont les excès sont une source de maux.

Pour leur époque, tous ces hommes qui semblent avoir vaincu les passions, qui aimaient la Justice et qui vivaient en harmonie avec la Nature, l'âme en paix, sans craindre la mort, étaient des Sages. "Leur parole" est venue jusqu'à nous, grâce au livre, grâce à l'écriture. Leurs pensées sont citées comme des références pour guider nos jours d'aujourd'hui.

Mais, s'agissant de l'Afrique, on est obligé de reconnaître qu'aucune école de pensée, qu'aucun guide spirituel, qu'aucun homme éminent n'est cité dans le domaine de la sagesse des peuples. Une épaisse forêt semble recouvrir l'esprit de tout un continent. Pire, l'impression subsiste dans l'imaginaire des autres, qu'il n'y a rien dans le domaine de la pensée, a fortiori de la sagesse chez les Noirs. Seuls quelques érudits, de ci, de là, pourraient faire état du livre de Roger Le Baron *Fables sénégalaises* (1828) ou de celui de Boilat *Esquisses sénégalaises* (1853) et observer l'attrait des auteurs pour la culture des peuples du Sénégal, à cette lointaine époque. Peu d'intellectuels se souviennent de l'éclat exceptionnel de l'Université de Tombouctou du Xème au XVIème siècle et de ses savants africains, écrivant en langue arabe et rendant compte des réalités de leur temps. On pourrait évoquer les écrits des penseurs éthiopiens dont la célébrité rayonnait sur le monde chrétien. On pourrait aussi rappeler le nom des grands docteurs africains tels que Tertullien, Origène, Saint Augustin, Saint Cyrille d'Alexandrie, Arnobe ... qui ont produit des oeuvres remarquables dans l'aire de la chrétienté. Nous avons oublié Térence, dont la pensée est souvent citée : "*Homo sum : humani nil a me alienum puto*" ("Je suis homme : rien de ce qui est humain ne m'est étranger").

Comment, enfin, ne pas évoquer l'Egypte ancienne, fécondée de sang noir venu du Sud. Comment oublier les stèles, les colonnes des temples gravés de hiéroglyphes. Tentative inouïe pour matérialiser dans la pierre la pensée et la sagesse de la multitude accourue sur les bords du Nil, le fleuve-mère aux berges fertiles.

Tout cela, c'est du passé, nous dira-t-on. Peut-être. Il y a une grande gêne, beaucoup ont du mal à prendre en compte ce passé et les réalités africaines du moment.

Notre but en rédigeant le GUIDE DE LA SAGESSE AFRICAINE c'est de servir de passerelle, c'est de donner à lire l'expression d'une pensée, d'une conception de la Vie, de la Mort, une Morale, enfin, pour tout dire, d'une Sagesse, véhiculée de bouche à oreille depuis des siècles.

Les proverbes qui constituent l'ossature du livre sont des "condensés" d'une pensée, d'une expérience de la vie au sein d'un environnement donné.

Sur un même thème, les proverbes, différents d'un pays à l'autre dans l'expression, conservent néanmoins un sens, une idée identique, commune. Une certaine unité conceptuelle se dégage des proverbes africains qui intègrent à la fois le cadre de vie, la faune et la flore, comme faisant partie d'un tout indissociable. C'est pourquoi la méconnaissance de cet environnement, dans ses aspects les plus singuliers rend incompréhensible certains proverbes.

Dans le langage de tous les jours, les proverbes sont utilisés pour donner plus de poids au discours, pour entraîner l'adhésion de l'interlocuteur puisque les proverbes sont acceptés par tous comme des "vérités" faisant partie du patrimoine commun.

Le champ des proverbes va encore plus loin pour recouvrir des espaces insoupçonnés. Ces mots répétés, tant et tant de fois, ces mots qui viennent d'un passé inconnu, relient les hommes et les femmes d'aujourd'hui aux Ancêtres qui les prononçaient naguère. C'est véritablement une chaîne de paroles, véritable chaîne d'union entre ceux d'aujourd'hui et les hommes et les femmes d'autrefois. Tout cela donne aux proverbes une densité et une profondeur que ne perçoit pas toujours l'étranger qui les écoute. Ils constituent un élément fondamental de la Culture mais aussi de l'Histoire et de la Géographie des Peuples d'Afrique.

Ecrire un GUIDE DE LA SAGESSE AFRICAINE, c'est disposer tout au long du chemin des bornes pour orienter le voyageur. Ces bornes vont de A à Z, rythmées par les poèmes qui rappellent la quintessence de la parole essentielle. Parole de vie pour aujourd'hui. Parole de vie hier, déja.

Barnabé LAYE

(Les Poèmes de cet ouvrage sont de Barnabé Laye)

"Que nous répondions présents
à la renaissance du Monde
Ainsi le levain qui est nécessaire
à la farine blanche."
(Léopold Sédar Senghor
(Chants d'ombre)

LE PORTEUR DE MOTS

Dans mes rêves anciens
Un enfant court à travers la savane
L'enfant et le vent disparaissent
Dans le lointain des arbres

Qu'est-ce que je suis
Dit l'enfant
Et l'écho renvoie
une voix d'outre-tombe
Je suis l'étoile
qui brille et s'éteint
je suis le nuage
qui lave la face du soleil
je suis le flot
qui jaillit de l'océan
je suis le flux et le reflux

L'enfant court à travers la savane
Au milieu des fromagers des caïlcédrats

Qu'est-ce que je suis
Dit encore l'enfant
Et l'écho renvoie
une voix d'outre-tombe
Je suis celui qui dort
Sous le baobab et le palmier
Dans l'attente du maître
Porteur des mots sacrés et des outils

A

COMME ÂME

Ame des Ancêtres, Ame des prophètes
Tu es l'ivresse de la sagesse
Tu es le souffle essentiel
Tu es le guide sur les sentiers obscurs.

Ame des enfants nouveaux-nés
Tu es la pureté qui protège
Tu es la marche vers le progrès.

Ame de l'Afrique, force et mystère
Ne nous abandonne pas :

Tu es la sève de l'arbre

Tu es le lien qui réconforte

Tu es la racine originelle.

ACTION

L'action est exigence : il faut aller aussi vite que le feu de brousse.

L'action est puissance, elle tourne le dos aux insultes et aux calomnies.

C'est dans l'action que l'homme a son vrai visage.

• Si tu vois le margouillat se coudre un pantalon, c'est qu'il a un endroit par où faire sortir sa queue. (bambara/Mali).

(On ne s'engage dans une action que si on est sûr de pouvoir la réaliser)

• L'action fait arriver la corde dans le puits. (bambara/Mali).

• Puisse ton action avoir un effet comparable à celui de la graine de baobab. (peul/Afrique de l'Ouest).

• La mort d'une bonne action, c'est d'en parler. (Mauritanie).

• Avancer, c'est mourir; reculer, c'est mourir, donc mieux vaut avancer et mourir. (zoulou/Afrique du Sud).

• Où passe l'aiguille passe le fil. (Côte d'Ivoire).

• On ne laisse pas le haricot se refroidir avant de mettre du beurre. (mossi/Burkina Faso).

"L'activité agricole est demeurée partout aussi sacrée que la terre qu'elle exploite. Le travail et le rite sont indissociables." (P.M. in Dictionnaire des Civilisations africaines).

"C'est parce que je suis attaché à la défense des traditions orales, véhiculées par tant de connaissances, que j'ai éprouvé le besoin d'écrire, non pour moi-même, mais pour fixer ces traditions et en

assurer le sauvetage. L'écriture est le moyen de fixer l'oralité." (Amadou Hampâté Bâ (1900-1991), Sur les traces d'Amkoullel l'enfant peul), "Ecrivain malien, historien, ethnologue, poète et conteur talentueux, l'une des plus hautes figures de la sagesse et de la culture africaine".

"La compétition dans tous les domaines est le nerf du talent. C'est la volonté qui domine la paresse. C'est la maîtrise de la passion qui fait germer la puissance de la créativité. C'est aussi l'épanouissement de l'homme dans l'action." (Sorry Bamba, De la Tradition à la World music), Auteur-compositeur malien né en 1938.

AFRICAINS

On les appelle ainsi lorsqu'ils sont noirs. C'est un terme réducteur, un dénominateur commun, que l'on soit natif de Dakar ou de Johannesburg. C'est pareil.
En fait, cela veut dire que la géographie importe peu. Ce qui compte avant tout c'est le noir de la peau. C'est l'Histoire qui colle à la peau comme un habit de mots inoubliables : esclavage, apartheid, ghetto, malaria, malnutrition, mal être ...

• Dans le monde d'aujourd'hui, même les hommes chaussés se font pîquer par des épines, à plus forte raison ceux qui vont pieds nus. (bambara/Mali).

• Le Noir porte sa négritude comme le zèbre ses zébrures. (Sénégal).

• La pluie mouille le zèbre mais n'efface pas ses rayures. (massaï/Kenya).

"Je suis le fils d'une femme au front noir, aux jambes d'autruche, aux cheveux semblables aux grains de poivre. Dans la couleur noire, il y a de la vertu, il n'y a que beauté". (Antar, le "Prince noir d'Orient", Vème siècle, in La Diaspora noire, I. Baba Kaké), Historien guinéen.

"Mais parfaitement, monsieur, j'ai du sang noir, mon père était mulâtre, mon grand-père était nègre, et mon arrière grand-père était un singe..." (Alexandre Dumas (1802-1870), célèbre écrivain français dont le père général était né à Saint-Domingue, in La Diaspora noire, I.Baba Kaké).

"Le Nègre d'Amérique et celui d'Afrique ne font qu'un. Ils sont sortis de la même souche, ils peuvent travailler ensemble et contribuer à l'avancement du monde". (Marcus Garvey (1887-1940 - né à la Jamaïque), Précurseur du Panafricanisme, in La Diaspora noire, I. Baba Kaké).

"C'est difficile d'être un Noir, que vous soyiez musicien ou non, comme le jazz est essentiellement noir, tout le problème est là. Même le mot "Jazz" est déjà un terme insultant, c'est une discrimination". (Charles Mingus (1922-1979) Moins qu'un chien),Célèbre Jazzman noir américain.

"Oublier ma langue maternelle, c'est oublier ma mère elle-même. Elle est le point de départ de toute la vie de l'homme, car c'est elle qui assure le meilleur enracinement dans les valeurs traditionnelles de notre propre civilisation, de notre .propre culture. (Préservation et promotion du patrimoine traditionnel de l'Afrique noire, in Almanach africain 1984, A.C.T.T).

"Pour nous il n'y a pas un enseignement élémentaire et un enseignement supérieur : il y a une compréhension élémentaire et une compréhension supérieure. La même leçon que l'on enseigne à un enfant de sept ans peut être enseignée à un savant : il s'agit seulement de savoir comment il faut la présenter et ce qu'il faut mettre dans cette enveloppe; l'enveloppe est la même ... " (Amadou Hampâté Bâ, Contes initiatiques peuls).

"Ma négritude n'est pas une pierre sa surdité
ruée contre la clameur du jour
ma négritude n'est pas une taie d'eau morte
sur l'oeil mort de la terre
ma négritude n'est ni une tour ni une cathédrale,

elle plonge dans la chair rouge du sol
elle plonge dans la chair ardente du ciel
elle troue l'accablement opaque de sa droite patience".

(*Aimé Césaire, Cahier d'un retour au pays natal*)
Ecrivain martiniquais né en 1913

AFRIQUE

Afrique,

Semence féconde, si des mains ébène la font germer.

Pour ne plus être un puits sans fond...

Pour être enfin terre des moissons, des écoles et du lait partagé.

•De l'Afrique, il faut s'attendre à voir jaillir toujours quelque chose de nouveau.("*Ex Africa semper aliquid novi*").

• Le monde se tient sur trois piliers comme une marmite sur trois pierres : 1. l'enseignement, d'où vient le savoir; 2. l'agriculture, la nourriture; 3. le commerce. (bambara/Mali).

• Un homme, une idée, deux hommes, cela mis en commun fait vivre le village. (bambara/Mali).

• Un homme tout seul peut fabriquer un toit de paille, mais un homme ne peut pas tout seul le poser sur les murs de la case. (malinké/Afrique de l'Ouest).

• Ce n'est qu'à l'endroit désigné par le pays tout entier qu'on bâtit sa maison. (Afrique de l'Ouest).

"*En Afrique, la pédagogie des palabres nous a enseigné qu'il n'y a pas d'impasses, il y a toujours un moyen de reconnaître l'enjeu de vie par la recherche longue et patiente des accords.*" (*Condition féminine, in Almanach africain 1984, A.C.T.T.*).

"L'histoire de l'Afrique est une histoire sans texte; mais tout ce que l'homme a touché de sa main créatrice peut être considéré comme historique, "la pierre comme le papier, les tissus comme les métaux, les bois comme les bijoux les plus précieux." (Joseph Ki-Zerbo), Historien burkinabé né en 1923.

"L'Histoire doit nous servir non seulement comme miroir pour nous reconnaître, mais comme moteur pour nous propulser sur la route du progrès." (Histoire générale de l'Afrique, I. Méthodologie et préhistoire africaine, UNESCO).

"Vouloir étudier l'Afrique en rejetant les mythes, contes et légendes qui véhiculent tout un antique savoir reviendrait à vouloir étudier l'homme à partir d'un squelette dépouillé de chair, de nerfs et de sang." (Amadou Hampâté Bâ, in Postface, Contes initiatiques peuls).

AIRAIN

L'airain : métal-symbole du Guide, le forgeron des hommes et des âmes fortes. Demain, un Peuple sortira du moule.

• Le clou soutient le fer, le fer soutient le cheval, le cheval soutient l'homme, l'homme soutient le monde. (malinké/ Afrique de l'Ouest).

• Celui qui détient l'acier peut en faire des aiguilles et refuser de fabriquer les houes d'autrui. (Zaïre).

• Rat qui ronge du fer : pourquoi s'attaquer à plus fort que ses dents ? (Madagascar).

• Le crochet en fer permet de cueillir les fruits les plus éloignés. (Zaïre).

"C'est avec le fer qu'on dresse les étalons fougueux, avec le bâton de berger que l'on mène le troupeau; mais pour garder les hommes, il faut l'intelligence et l'amour". (Amadou Hampâté Bâ, L'Eclat de la grande étoile).

ALLIANCE/MARIAGE

O temps bénis, temps des épousailles !
Le mariage ce n'est pas seulement un homme qui épouse une femme. C'est une famille -la famille de l'homme- qui s'unit à une autre famille, celle de la femme.

Ailleurs, on demande le consentement des futurs époux. Ici, le consentement des deux familles constitue le début de la célébration. Ce jour-là est jour de fiançailles.

L'alliance se crée, l'alliance est scellée le jour des noces. Le bijou porté à l'annulaire de chacun des époux est symboliquement porté aussi par chaque membre des deux familles, unies désormais, dans le rite des devoirs et des droits réciproques que la nouvelle situation confère.

Le garant de cette alliance sera l'enfant qui naîtra plus tard et qui rappelera avec force, le contrat, la chaîne d'union des sangs mêlés.

• Plus tu rencontreras d'hommes, plus tu seras admis. (Bénin).

• Le mariage n'est pas attaché par un noeud serré, mais par un noeud coulant. (Madagascar).

• Se marier n'est pas difficile, ce qui est difficile, c'est de trouver l'argent pour le mariage. (haoussa/Nigéria).

"L'alliance matrimoniale est un élément garantissant la stabilité du groupe dans la société traditionnelle mandingue (...) Le mariage est un élément de cohésion sociale dans la mesure où il renforce les alliances entre familles étendues, entre classes différentes ou mêmes entre villages voire entre provinces (...) Les relations conjugales sont strictement réglées en matière de gestion matérielle de la maison et d'organisation des tâches ..." (Kéba Tounkara, Civilisations mandingues, in Peuples du Sénégal).

"L'homme de caste apparaissait comme l'élément moteur de la vie d'une société férue de croyances et de traditions héritées des ancêtres qui ont fondé et organisé ladite société selon certains principes qu'il était chargé de sauvegarder et de transmettre à la prospérité." (Bokar N'Diaye, Les castes au Mali).

"Le mariage est la forme consacrée et bénie qui permet à l'homme et à la femme de s'unir, de fonder une famille afin de perpétuer la race, et d'éviter l'adultère et le désordre des moeurs." (Amadou Hampâté Bâ, Aspects de la civilisation africaine).

"En toute confiance, elle sait que sa fille rentre dans une famille digne et fière, au passé prestigieux (...) Ainsi la chaîne qui s'est distendue ne s'est pas brisée, elle se referme ce soir en une nouvelle alliance, de nouveaux maillons viendront élargir le cercle ... (Barnabé Laye, Une femme dans la Lumière de l'aube).

ALPHABETISATION

A.B.C.D. c'est la vie qui court, c'est l'espoir, c'est l'ouverture sur le monde.

• Lettre et voyelle, c'est comme l'homme et la femme constituant le couple. (peul/Afrique de l'Ouest).

• La lecture exige la combinaison de la lettre et de la voyelle. (peul/Afrique de l'Ouest).

• Porter lunettes ne veut pas dire savoir lire. (créole/Antilles).

"L'existence d'un système d'écriture est rarement un fait spontané chez les Noirs, il est le résultat d'une longue et difficile initiation dans les sanctuaires de grandes divinités par des maîtres (prêtres et devins) de sociétés initiatiques."(La Scripturaire en Afrique noire, in Almanach africain 1984, A.C.T.T.).

"Traces, mots-ornements, marques, pictogrames, idéogrames, écritures, rebus ou proverbes, syllabaires. Ces divers aspects de l'écriture sont tous inscrits dans les civilisations africaines qu'il s'agisse des régions arabo-berbères ou négro-africaines et cela malgré un préjugé tenace : "Afrique : civilisation sans écriture." (La Scripturaire en Afrique noire, in Almanach africain 1984, A.C.T.T.).

"Brisons le cycle fatal de l'ignorance et de la misère, offrons à tous les hommes dans tous les pays, le bonheur d'apprendre et la liberté de créer".(Amadou M'Bow (né en 1921), Journée internationale de l'alphabétisation du 8 septembre 1983), Directeur général de l'UNESCO de 1974 à 1988).

ÂME

Coeur et âme, comme deux mains unies, dans la ferveur des nobles sentiments.

• Celui qui a les yeux ouverts sur ses propres défauts verra son âme acquérir une force nouvelle. (Egypte).

•La véritable mosquée est celle qui est construite au fond de l'âme. (Mauritanie).

• L'homme pauvre n'est pas celui dont les mains sont vides mais celui dont l'âme est vide de désirs. (malinké/Afrique de l'Ouest).

"Les défunts sont à la fois parmi les vivants et ailleurs; l'homme a plusieurs âmes, que sa mort disperse, et ceci exclut qu'il existe, au ciel ou en d'autres lieux, un véritable séjour des morts" (P.M. Dictionnaire des Civilisations africaines).

"Chacun de nous, même s'il n'est qu'une toute petite mare de brousse, peut essayer de rendre pure et paisible l'eau de son âme, afin que le soleil puisse s'y mirer tout entier". (Amadou Hampâté Bâ, Kaïdara in Contes initiatiques peuls).

"Mon fils, il s'agit de la robe de mariée de ton âme. Tu vas enfin obtenir la promotion la plus élevée qui est celle de la connaissance grâce à une nouvelle naissance de ton âme vibrant dans l'harmonie "trinitaire" de la harpe-cithare sacrée." (Sylvain Bemba (1934-1995) in L'Ecrivain, le Journaliste, le Musicien), Dramaturge congolais.

"Ame nègre ! Mystérieuse âme nègre !
Eveille-toi, lève-toi, élève-toi !
Clame à l'univers la puissance de ton génie créateur,
O Ame nègre !"

(Camara Laye (1928-1979), L'enfant noir
Ecrivain guinéen

AMERTUME

Qui n'a connu l'amertume d'un fruit ne peut apprécier à sa juste valeur la douceur du miel. Ainsi dans la vie, les jours amers vous préparent-ils aux lendemains de miel, à saisir à vif.

• Ne sera pas amer celui dont on frottera la peau avec du piment, ne sera pas doux qui s'oindra de miel; l'acte seul fait l'homme haï et l'homme qui plaît. (Madagascar).

• Tu boiras la sève amère du caïlcédrat avec l'ami qui t'aura fait goûter le miel. (bambara/Mali).

• On ne sent pas si le manioc est amer dans la bouche d'autrui. (Cameroun).

• Si tu forces l'abeille à rentrer dans ta ruche, sois sûr qu'elle ne fera pas de miel. (malinké/Afrique de l'Ouest).

• Celui qui veut du miel a le courage d'affronter les abeilles. (wolof/Sénégal).

• Seule la personne occupant le creux de l'arbre peut te fournir beaucoup de miel. (Côte d'Ivoire).

• L'abeille est la douceur du miel et l'aiguillon qui pique. (Madagascar).

• Dés qu'un pot de miel est privé de son couvercle, les mouches s'y précipitent. (Madagascar).

• Si un poisson a goûté le miel, c'est que la femme qui avait lavé les calebasses au fleuve, en avait laissé dedans. (peul/Afrique de l'Ouest).

• C'est la douceur qui a fait sortir le ver de palmier de son trou. (malinké/Afrique de l'Ouest).

• Les papillons sucent les cannes à sucre et fuient le piment. (Cameroun).

"La vérité est amère comme le caïlcédrat
La bonne parole est douce comme le miel.
La parole du griot a la saveur du sel.
La parole méchante est du piment".
(Tradition orale dogon/Mali)

AMITIÉ

L'amitié est sève vive qui nourrit l'arbre et le fait jaillir en fruits merveilleux.

• L'amitié est comme la soie : elle sert à envelopper les morts, à habiller les vivants, et quand un fil est trop mince, le doigt le suit, en filant, pour l'épaissir. (Madagascar).

• L'amitié est une trace qui disparaît dans le sable si on ne l'entretient pas. (Congo).

• Eloignez vos tentes, rapprochez vos coeurs. (touareg/Mali, Niger).

• Ne prends comme ami que celui qui te surpasse en valeur, jamais celui qui t'es inférieur. (touareg/Mali, Niger).

• Si ton ami tue une bête et qu'il a l'habitude de te donner de la viande, même s'il ne t'en donne pas, mets de l'huile à ta bouche. (malinké/Afrique de l'Ouest).

(On ne critique pas un ami)

• C'est en saison sèche qu'on se lie d'amitié avec le piroguier. (Cameroun).

• A quoi servirait l'amitié qu'un homme a noué avec un singe, si ce n'est pour que cet animal l'aide à décrocher son bâton le jour où celui-ci reste accroché dans les hautes branches. (peul/Afrique de l'Ouest).

• Cultivez l'amitié comme vous aimez le sel. Celui-ci est-il gros ? Croquez-le, il ne vous cassera pas les dents. Est-il fin ? Vous aurez plaisir à l'avaler. (Madagascar).

"Tu satisferas d'abord aux exigences de l'amitié en donnant à ton premier fils le prénom de ton meilleur ami, car Dieu a créé l'amitié avant tout autre sentiment. Ensuite, tu feras revivre ton père, pour la pérennité de ta race, en attribuant son prénom à ton second fils". (Tradition orale du Mali).

AMOUR

Amour : mot premier, mot germinal, à l'origine de toutes choses sur terre, dans les eaux et dans les cieux.

L'amour est serpent, il glisse entre deux coeurs, il va et revient, insaisissable, il échappe à la main qui l'enserre.

L'amour est ruisseau, il coule en filet d'eau claire, source et ressource pour notre soif d'éternité.

L'amour est tourterelle dans le lit de noces.

L'amour est alliance, chaîne d'union sur les sentiers incertains.

• L'amour regarde à travers des lunettes qui transforment le cuivre en or, la pauvreté en richesse et les larmes en perles.(Afrique du Nord).

• L'amour est comme un jeune plant de riz, repiqué dans un autre champ, il repousse. (Madagascar).

• L'amour qui n'est pas à la mesure du coeur est comme l'eau qui remplit la cruche : la moitié s'est perdue en chemin. (Madagascar).

• Si tu aimes qui ne t'aime pas, tu seras comme la pluie qui tombe dans un champ de sorgho. (Burundi).

• Si tu aimes qui ne t'aime pas, tu seras comme la plume qui tombe sur les pierres. (Burundi).

• Si la lune t'aime tout a fait, que t'importe que les étoiles s'éclipsent ! (Afrique du Nord).

• Ne reprochez pas à la jolie femme d'aimer un homme laid : qui est aimé gagne en beauté. (Madagascar).

• Les amours comme les arbres fleurissent tant qu'ils ont des racines. (Mauritanie).

• Qui a la meilleure part en amour ne s'accomode plus de l'égalité. (Madagascar).

• N'aimez pas comme vous aimez le manioc que vous frappez et rudoyez avant d'en savourer la substance. (Madagascar).

• S'aimer comme la bouche et la main : si la main souffre, la bouche souffle dessus et si la bouche a une douleur, la main la soigne. (Madagascar).

• Que votre amour soit comme la brume : elle tombe finement mais elle peut faire déborder les rivières. (Madagascar).

• L'amour est comme une étoffe en fibres de bananiers : si on tire dessus, elle se déchire; si on la froisse, son éclat disparaît. (Madagascar).

• L'amour est comme la fleur du ficus : si on la sent discrètement, elle embaume mais si vous l'étalez, elle se couvre de moustiques et son parfum s'évapore. (Madagascar).

• L'amour est comme l'ombre : sur la montagne, on ne peut l'atteindre à la course; dans l'eau, il ne craint pas l'humidité; dans le feu, il n'a pas peur de se brûler. (Madagascar).

• En amour, n'imitez pas les pierres cassées dont les fragments ne peuvent plus se joindre; faites plutôt comme la soie qui, prête à s'effilocher, peut toujours se renforcer. (Madagascar).

"L'amour n'a qu'un temps, et, le moment venu pour la jeune femme de rejoindre son époux, il doit s'effacer, et l'ordre de la société prend le dessus." (P.M. Dictionnaire des Civilisations africaines).

"C'est l'amour sincère de Dieu qui, seul, peut amener l'homme à aimer et à respecter son prochain, quel qu'il soit. Seul, il peut fonder la paix dans les esprits et dans les coeurs et de là, la faire régner dans les relations humaines." (A. Hampâté Bâ, Aspects de la civilisation africaine).

ANGOISSE

L'angoisse est un rat qui ronge le coeur et l'esprit. Chasser le rat et vous devenez oiseau de liberté.

• Si un baobab a demandé un baobab en mariage et n'a pu obtenir même un lambeau d'écorce, qu'il épouse un arbris-

seau et reste tranquille. (malinké/Afrique de l'Ouest).
(Savoir se contenter du peu).

•Si tu racontes tes peines à autrui, il s'en réjouira : l'épervier et le vautour s'abattent sur le blessé qui gémit. (Afrique du Nord).

• L'assiette de l'orphelin, c'est le creux de sa main. (malinké/Afrique de l'Ouest).

• Le secours étranger arrive quand la pluie est passée. (Rwanda).

"Ne pleure pas ma compagne, moi je sais que mon pays qui souffre tant, saura défendre son indépendance et sa liberté. Vive le Congo ! Vive l'Afrique !" (Patrice Lumumba (1925-1961 -assassiné) Leader de l'Indépendance du Congo-Zaïre.

ANNEAU

Anneau d'or échangé comme une parole éternelle. La promesse est union pour les moissons à venir. La promesse est force contre vents et marées.

• Mesure tout d'abord l'anneau à ton doigt et puis, achète-le. (Mauritanie).

• Ce n'est pas à toute oreille percée qu'on met des anneaux d'or. (peul/Afrique de l'Ouest).

• Si tu vois un chat portant une chaîne au cou, c'est qu'il s'est conduit comme un chien. (malinké/Afrique de l'Ouest).

"Prêtre, magicien, chasseur, guerrier, chacun arbore le signe de sa condition, les bijoux sont un langage qui n'est pas toujours compris de tous, mais dont tous acceptent l'existence." (Dictionnaire des Civilisations africaines).

"Celui qui peut plonger sa main dans la cire
alors qu'elle bout,
s'il ose le faire,
et qu'il retire cet anneau du pot,
nous saurons que c'est un enfant légitime".
(Amadou Diabaté, La Jeunesse de Sundjata)

APARTHEID

L'apartheid est une honte : le mur blanc d'un côté, noir de l'autre érigé par le mépris.

L'apartheid est un viol : le rapt d'une terre.

L'apartheid, fer rouge dans la chair de l'Afrique, comme l'esclavage aux dents d'acier.

• Sois-en convaincu ! La terre n'est pas trop étroite pour ceux qui l'habitent; ce sont les esprits des hommes qui sont étroits. (Afrique du Nord).

• Un sol trop dur refuse même un cadavre. (Burundi).

• On accepte d'entrer en enfer pour ne pas avoir froid. (bambara/Mali).

"Nous, peuple de l'Afrique du sud, proclamons à tout notre pays et au monde, que l'Afrique du sud appartient à tous ceux qui y vivent, Noirs et Blancs, et qu'aucun gouvernement ne peut revendiquer un quelconque pouvoir, s'il n'est fondé sur la volonté du peuple..." (Nelson Mandela (né en 1918), nationaliste noir - Congrès du 25 Juin 1955), Emprisonné de 1962 à 1988, Président de l'Afrique du Sud depuis 1994. Prix Houphouët-Boigny en 1992, Prix Nobel de la Paix en 1993).

"Toute ma vie, j'ai mené cette lutte du peuple africain. J'ai lutté contre la domination blanche, mais aussi contre la domination noire.

J'ai chéri l'idéal d'une société démocratique et libre. C'est un idéal pour lequel j'espère vivre afin de le réaliser. Mais si c'est nécessaire, c'est un idéal pour lequel je suis prêt à mourir". (Nelson Mandela - Procès du 11 juillet 1963).

"L'homme noir ne sera jamais libre avant que l'homme blanc ne soit pleinement libre" (...) "La paix et la sécurité ne régneront dans notre pays bien-aimé que lorsque l'apartheid aura été totalement démantelé." (Desmond Tutu (né en 1931) Chef de l'Eglise anglicane et archevêque du Cap), Prix Nobel de la Paix 1984.

"La culture est le pivot autour duquel le peuple peut explorer ses sentiments (...) je vois celà comme dans un bus; tout le monde se retient à la même poignée : musulman, hindou, noir, blanc, métis... c'est ce lien qu'il nous faut. Le seul moyen de le hisser est de partager nos cultures..." (Johnny Clegg in Johnny Clegg la passion zoulou), Musicien "le Zoulou blanc" né en 1953.

"L'homme blanc avait senti la puissance de mes coups et je pouvais marcher droit, comme un homme, et regarder tout le monde dans les yeux avec la dignité que je tirais de ne pas avoir succombé à l'oppression et à la peur. J'étais devenu un combattant de la liberté." (Nelson Mandela, Un long chemin vers la liberté).

"Qui suis-je ? Qui suis-je ?
Je suis le sabot
Qui naguère allait parmi les herbes,
paisible, silencieux,
et qui maintenant résonne comme une cloche
sur l'asphalte des rues".
(Njabulo S. Ndebele
Poètes Noirs de l'Afrique du Sud, 1975)

ARGENT

Divinité des temps modernes : c'est aussi un cancer qui tue ceux qui lui ont tout sacrifié.

• Homme sans argent, arbre sans feuilles. (malinké/Afrique de l'Ouest).

• L'argent lutte avant de disparaître. (malinké/Afrique de l'Ouest).

• L'argent purifie les bâtards. (malinké/Afrique de l'Ouest).

• L'argent épuise l'homme et l'homme épuise l'argent. (Afrique du Nord).

• L'argent est agréable, certes, mais on ne le goûte pas sur la langue. (Côte d'Ivoire).

• L'argent ressemble à l'hôte de passage : aujourd'hui, il arrive, demain il n'est plus. (Madagascar).

• Rien n'est plus blanc que le blanc pur et aucun filtre d'amour ne surpasse l'argent. (Madagascar).

• Le crocodile vit dans l'eau et pourtant il a soif. (Côte d'Ivoire).
(Le gardien du trésor public a ses propres problèmes financiers).

• L'argent ne reste pas dans la main de la personne qui transpire. (Martinique).

• L'argent est bon, mais l'homme est meilleur car il répond quand on l'appelle. (bamilékè/Cameroun).

• Si le ciel était tombé, les gens auraient pris les étoiles pour de l'argent. (créole/Antilles).

• La fortune ne vaut guère plus qu'un saignement de nez : comme lui elle apparaît sans raison, et comme lui elle disparaît de même. (malinké/Afrique de l'Ouest).

• Sois le cavalier de ta fortune, non son cheval. (peul/Mali).

"Le Blanc est arrivé avec son argent,
Et l'argent a bâti un monde nouveau,
Monde étonnant, monde déroutant, voyez !
Le lâche surclasse le héros :
Le voleur est couronné roi,
La sottise règne, domine l'intelligence.
Plus de vertu,
Tout a fondu.
L'argent, l'argent, notre maître à tous,
Les portes fermées s'ouvrent,
Les femmes pures et nobles sont aux mains des voyous".
(Seydou Badian, Le Sang des masques)
(Ecrivain malien né en 1928)

ART

Expression sublime des émotions, des sentiments, des aspirations de l'être. L'art est beauté, vérité de l'âme. L'art est une transcendance.

• L'art, pour celui qui en connaît les secrets, est caché dans un brin d'herbe mais pour celui qui l'ignore, il est caché sous une montagne. (Afrique).

• Ne terminez pas avec du raphia un travail commencé avec de la soie éclatante. (Madagascar).

• La maison n'est belle que lorsque chacun y reconnait sa part de labeur. (bambara/Mali).

• Faites comme le ver à soie : ce n'est qu'une fois qu'il est entré dans sa maison qu'il commence à l'arranger. (Madagascar).

"L'artiste africain trouve son inspiration dans la nature. Scupteur ou danseur, peintre ou chanteur, l'artiste africain travaille dans un but d'abord rituel. Son art est lié à ses croyances, à sa religion, et il en tire toute sa force expressive." (D.P. Dictionnaire des Civilisations africaines).

"L'entrée d'Alrige était superbe. Les yeux mi-clos, comme éblouis par le soleil africain, c'était Othello lui même tel que Shakespeare l'avait créé. Il avait cette nonchalance, cette orientale attitude, cette désinvolture du nègre qu'aucun Européen n'est capable d'imiter. Il produisit un immense effet et fut applaudi sans fin". (Critique de Théophile Gautier sur Ira Frédéric Alrige, acteur noir, XIXème siècle, Mémoire de l'Afrique, La Diaspora noire, I. Baba Kaké).

"Ce qui est le propre de l'art nègre, c'est le pathétique". (André Malraux (1901-1976), Ministre des Affaires Culturelles de 1958 à 1969).
"L'Afrique est assez forte pour créer son propre domaine culturel, celui du présent et celui du passé, à la seule condition qu'elle ose le tenter. Il ne s'agit pas d'autre chose!" (André Malraux , Premier Festival mondial d'Art nègre, 1966).

"La photographie, reconnue art, réclame, aujourd'hui, de ceux qui veulent la servir, le courage et la foi à la recherche, en un instant saisie, de la vérité beauté".(Leopold Sédar Senghor, in la Préface du livre d'art, Africa, Dieter Blum).

"L'art n'est pas bavard (...) Nous devons à présent nous préoccuper de l'oeil qui nous fait face et dans cette mesure, frapper et refrapper sur le rocher pour qu'il libère l'eau, la source, la vie et le sens qu'on lui donne..." (Emile Ologoudou, Art poétique sauvage in Littératures nationales d'écriture française).

ARTISAN

Chaque jour apporte son lot de labeur. Refaire les mêmes gestes sans relâche pour que l'oeuvre soit. Dans les ruelles des villes et des campagnes, le bon artisan travaille jusque tard dans la nuit. Il est le gardien des symboles, cet habit intime de chaque peuple.

• Un métier en main est un bracelet d'or. (Mauritanie).

• Un forgeron ne doute jamais de son métal. (malinké/Afrique de l'Ouest).

• C'est ton tailleur qui connaît la peau qui te convient. (Rwanda).

• Le son que tu écoutes du petit balafon a été transmis par le grand balafon. (bambara/Mali).
(Le savoir artisanal se transmet des aînés aux plus jeunes)

"*Composées de plusieurs générations d'artisans et d'artistes, vivant une vie commune et unis entre eux par une étroite solidarité, les castes étaient, jadis, des institutions cohérentes chargées de toutes les activités, économiques et sociales des ethnies auxquelles elles appartenaient.*" *(Bokar N'Diaye, Les castes au Mali).*

"*Le sculpteur de masque africain n'essaie pas d'imiter un visage humain ou une tête mais de façonner la partie la plus expressive du corps éphémère d'une force plus puissante que celle des hommes.*" *(...)* "*Les masques sont faits pour être vus en mouvement, en des cérémonies collectives où la musique rythme la danse.*" *(J.M. Dictionnaire des Civilisations africaines).*

"*Petit pagne meilleur que culotte,*
Drapé, meilleur que coulissé,
Fuseau qui vaut mieux que lance,
Fille, qui vaut mieux que garçon !

Douce pluie, sans éclair,
Pluie douce, sans tonnerre,
Pluie délicieuse, exquise, agréable , fraîche !
(Ode de Seydou, tisserand nigérien, à une jeune fille)

"*Le forgeron forge la Parole,*
Le tisserand la tisse,

Le cordonnier la tisse en la corroyant".
(Tradition orale bambara/Mali)

ATTENTE

L'attente n'est pas passivité. De même que les aiguilles d'une montre tournent au rythme du temps, il faut savoir attendre son heure. Et la saisir comme une chance, un avènement.

• L'heure matinale a de l'or dans la bouche. (malinké/ Afrique de l'Ouest).

• Le monde est un cheval qui galope avec tout son harnachement. S'il passe prés de toi, mets ton pied à son étrier jusqu'a l'endroit où il te jettera à terre". (peul/ Afrique de l'Ouest).

(Il faut profiter de l'occasion qui se présente pour participer à l'évolution du monde)

• Si tu chevauches le monde à toute allure, tu finiras par le faire marcher comme le caméléon. (bambara/ Mali).

• Si un berger prend le temps de se reposer en dormant, il sera obligé de parcourir ce temps pour rattraper ses bêtes qui n'ont pas arrêté de marcher". (peul/ Afrique de l'Ouest).

"La lune et le cycle saisonnier sont les repères les plus usités (...) La journée commence au lever ou, plus souvent, au coucher du soleil. Elle n'est pas divisée en heures, mais en moments correspondants à l'activité quotidienne : lever, coucher, repas, travail. (P.A. Dictionnaire des Civilisations africaines).

AUDACE

L'audace n'est pas téméraire. C'est une projection en avant pour atteindre le but. Une cristallisation des forces vives débarrassées de la peur et des critiques.

L'audace conduit au succès, la timidité tue l'ardeur de l'âme.

• L'homme timide est un poisson de puits. (haoussa/ Nigéria).

• Quand on voit les gens rentrer et sortir d'un trou, sans courir, c'est qu'il n'y a aucun danger. (Cameroun).

• Si quelqu'un fait un saut dans le feu, il lui reste encore un autre saut à faire. (mossi/Burkina Faso).

• Si on n'a pas frappé la forêt, on ne sait pas ce qu'il y a à l'intérieur. (Mali).

• Le vent fait entrer dans le trou ce qu'il ne pourra plus en faire sortir. (peul/Afrique de l'Ouest).

"Dans la maison du mari, comme chez soi, on vit avec des bons et des mauvais, des borgnes et des aveugles, des riches et des pauvres, des grincheux et des personnes aimables, des beaux et des laids. C'est partout, comme dans la vie. Rien ne change. Alors si l'on veut vivre heureux, il faut apprendre à négocier, à ne pas raidir ses positions." (Djennè, mère doyenne d'âge de Ziguinchor (Sénégal), in Condition féminine, Almanach africain 1984, A.C.T.T.).

AU-DELA

L'homme porte en lui son au-delà. C'est une terre vierge jamais atteinte où rôdent les poètes et les enfants. C'est la voix intérieure qui nous hante et nous dépasse : une révélation.

• Si le cadavre se cache devant la personne qui doit le laver, il partira seul dans l'Au-delà. (bambara/Mali).

• Tous les pêchés n'attendent pas l'Au-delà pour être punis. (bambara/Mali).

• Dans le ciel, il y a des étoiles, sur la terre, il y a des grillons, mais toi, comme tu refuses toujours Dieu, où iras-tu après la mort ? (Côte d'Ivoire).

"*Origine de vie et de prospérité, point fixe de référence, l'ancêtre est présent dans la mémoire de ses descendants et dans le culte familier qu'ils rendent : invocations, offrandes ...*" (*J.M. Dictionnaire des Civilisations africaines*).

"*L'eau ne refuse pas de dissoudre*
Même un large cristal de sel.
Ainsi, vers le Monde des Morts,
Le bien doit-il aussi descendre".

(Chant de funérailles éwé/Togo,
in La Mort africaine, L.V. Thomas)

Toi, père, qui ne meurs pas,
Qui ne connais jamais la mort,
Et dont la vie est toujours vivante,
Sans jamais voir le froid du sommeil,
Tes enfants sont venus tous ici.
Ils sont rassemblés autour de toi;
Enveloppe-les de ta force, ô père,
Que ton ombre pénêtre en eux,
Toi, père, qui ne meurs pas,
Toi, père de notre race.

(Prière initiatique fan/Cameroun,
Textes sacrés d'Afrique noire)

Echo venu d'ailleurs :

"*Fais ce que tu faisais par le passé, et joue.*
Réconforte les anges,
Ainsi les pêcheurs ne seront pas trop malheureux en Enfer
Dispense un peu plus d'espoir dans leur vie

Donne à Armstrong une trompette
O Archange Gabriel !"

(Evgueni Evtouchencko/poète russe,
Poème écrit à la mort de Louis Armstrong (1901-1971)

AUTODESTRUCTION

C'est une mort lente quand se perd la sérénité des pensées nobles. C'est la torture de l'âme livrée aux passions excessives et au ressentiment.

• Hier, il sortit de l'oeuf, aujourd'hui, il a honte de sa coquille ! (Egypte).

• Une grande faim comme un excès de nourriture peut tuer les gens. (bambara/Mali).

• Si tu regardes partout dans l'eau que tu veux boire, tu vas rester avec la soif. (malinké/Afrique de l'Ouest).

• Pile par-ci, pile par-là, tu vas piler dans un mortier à piment ! (malinké/Afrique de l'Ouest).

• Le défaut est comme un messager : il vous accompagne partout. (Zaïre).

• Ce que la langue a brisé, mille chirurgiens ne peuvent le remettre en place. (Ethiopie).

• La langue est la civière de son maître. (Congo).

• Le criquet creuse lui-même sa propre tombe. (Cameroun).

• Un rat qui court au suicide, c'est bien celui qui passe sous le menton d'un chat endormi. (Madagascar).

"Une civilisation qui ruse avec ses principes est une civilisation moribonde." (Aimé Césaire, Colonialisme).

"En Afrique, quel sera l'héritage culturel transmis aux jeunes générations si la censure tue l'art ? Sans l'art, un homme peut-il être inventif ? Performant ? Généreux ? Sans mémoire, une nation peut-elle être ouverte à l'humanisme ?" (Sorry Bamba, De la Tradition à la World music).

"Ils on tué l'homme
Pour que ne survive pas l'homme
Sans faim
Sans soif
L'homme libre ..."
(Paul Dakeyo, Poésie d'un Continent)
Ecrivain camerounais né en 1948

AVENIR

L'avenir se construit comme une cathédrale ou une mosquée.

Puisons dans les expériences du passé pour ériger l'oeuvre de demain.

• L'avenir embarrasse celui qui méconnaît le passé. (malinké/Afrique de l'Ouest).

• L'hyène a dit : apprenez à marcher sur trois pattes pour un jour d'avenir. (bambara/Mali).

• Demain est dans la main de Dieu. (bambara/Mali).

"Le jeune africain fait preuve d'astuce technique dans la construction de ses jouets et de qualités d'observations dans ses imitations de la société adulte. Il fabrique des villages miniatures et des personnages. Plus tard, son ingéniosité s'exercera aux jeux de recherche". (G.B. Dictionnaire des Civilisations africaines).

"Combien il serait souhaitable que science et religion fussent comme deux rails de chemin de fer, avançant dans une même direction, sans jamais tout à fait se séparer ni tout à fait se confondre !" (Amadou Hampâté Bâ, Aspects de la civilisation africaine).

AVIDITÉ

Une main crochue qui racle tout, incapable de s'ouvrir à la générosité.

• Le dévoreur n'a jamais la nuque fatiguée. (Burundi).

• Qui avale trop, décourage celle qui moud. (malinké/ Afrique de l'Ouest).

• Un père qui exige une grosse dot pour ses filles les voit vieillir sans se marier. (Cameroun).

• Le désir avide de pastèque fait manger une courge amère. (Burundi).

• Le bonnet ne profite pas à la poitrine. (peul/Afrique de l'Ouest).
(Le profit d'un vaurien ne profite pas à une personne honnête)

• Etre joyeux et triste en même temps, comme celui qui espère faire un héritage. (Madagascar).

• Si l'on voit un joueur de balafon passer la nuit dans le froid, c'est qu'il est avare. (bambara/Mali).
(Il peut se chauffer avec le bois de l'instrument)

• Le ventre est insensé, il cherche toujours ce qu'il y a de plus lourd. (Madagascar).

• S'il avait le ventre derrière lui, ce ventre le mettrait dans un trou. (malinké/Afrique de l'Ouest).

• On ne fait pas une auge à cochons avec le tronc d'un papayer sinon elle serait mangée avec la nourriture. (Bénin).

• Un riche avare n'a de porteurs qu'une fois mort. (Madagascar).

• L'avare est semblable à l'âne chargé d'or et qui se nourrit de paille. (Afrique du Nord).

• L'avare est semblable au chien qui garde la porte d'un écorcheur. (Mauritanie).

• Les crapauds restent toujours près de l'eau mais ils n'en boivent pas. (Tanzanie).

(Un avare utilise rarement son propre argent)

"L'arbre au soleil comme sous la pluie
Reste concilié avec ses racines
Et ses feuilles (...)
Malgré le bûcheron la foudre et la sécheresse
L'arbre n'est jamais un loup pour l'arbre".

(René Depestre, Pour l'Arbre), Ecrivain haïtien né en 1926

B

COMME BONHEUR

Le bonheur

instants

comme vols d'éphémères

la lampe radieuse

où se brisent

nos élans.

Le bonheur

instants

comme haltes de caravanes

le tapis de prière

où se consument

nos frémissements.

BEAUTÉ

La beauté est clarté, elle ne supporte pas la nuit de l'indifférence.

• La beauté est une demi-faveur donnée par Dieu, l'intelligence en est une entière. (peul/Afrique de l'Ouest).

• La plus belle femme est celle qui porte un enfant au dos. (bambara/Mali).

• L'injure enlaidit la plus belle femme, salit la plus pure. (malinké/Afrique de l'Ouest).

• Les belles femmes sont comme les feuilles fraîches du bananier : elles ne manquent jamais dans la bananeraie. (Ouganda).

• Tu prends toutes les habitudes de celui qui marche à tes côtés, sauf sa beauté. (bambara/Mali).

• Quand on voit une belle jument bien harnachée c'est qu'elle a fait tomber son cavalier. (bambara/Mali).

(Si une jolie femme n'a pas de mari, c'est qu'elle a un mauvais caractère).

• D'une jolie femme au nez plat, on pourrait dire qu'il s'en est fallu de l'épaisseur d'un doigt pour qu'elle fût parfaite! (Madagascar).

• Grande taille n'est pas grenier. (Cameroun).

(La beauté ne remplace pas la richesse)

• Dans la canne à sucre, le bouquet est la partie la plus jolie, mais c'est aussi la plus fade. (Madagascar).

"La beauté purement physique est aussi éphémère que les feux du crépuscule ou le rougeoiement de l'aurore (...). La véritable et immuable beauté : la beauté intérieure est celle qui fleurit dans les prairies spirituelles". (Tierno Bokar (1875-1940) in <u>L'Enseignement du Sage de Bandiagara</u>, A. Hampâté Bâ).

BÊTE

Animal ou homme, la bête apeurée est redoutable, comme une panthère qui rôde aux abords du village.

• Si tu entends l'écureuil dire qu'il y a un poisson borgne dans l'eau, c'est le varan qui le lui a dit. (malinké/Afrique de l'Ouest).

• Si le crapaud n'est pas élégant le jour où sortent les termites, il ne le sera jamais ! (bambara/Mali).

(Si quelqu'un se rend à une fête où le repas est servi à volonté et qu'il n'est pas rassasié, c'est qu'il ne le sera jamais)

• La bête qui a des cornes, n'entre pas dans un terrier. (Cameroun).

• Quoi qui se trouve à l'intérieur d'un poulet, l'épervier en est instruit depuis longtemps. (Afrique).

• Le serpent peut devenir très long, mais il ne piquera pas sa mère. (Afrique de l'Ouest).

• L'ânesse met bas pour que son dos se repose. (mossi/Burkina Faso).

• Si le lézard se moque du dindon c'est qu'il y a un arbre tout prés. (malinké/Afrique de l'Ouest).

• L'antilope naine ne dort pas en dessous des feuilles qui s'agitent. (Zaïre).

• C'est quand la gazelle trouve quelqu'un pour la porter qu'elle balance le cou. (Côte d'Ivoire).

• Le coq a gratté avec passion et il a déterré beaucoup. (malinké/Afrique de l'Ouest).

• Le petit rat ne tète pas les mamelles du porc-épic. (Cameroun).

• On sait comment un chien s'assied mais on ne sait pas

de quel côté il tournera la queue. (Cameroun).

• L'hyène ne peut pas se faire un collier de viande. (malinké/Afrique de l'Ouest).

• L'hyène ne sait pas qu'il ne faut pas sucer le piment en poudre. (peul/Afrique de l'Ouest).

• L'hyène a poursuivi deux antilopes à la fois, elle passera la nuit avec la faim. (malinké/Afrique de l'Ouest).

• L'hyène a beau être édentée, sa bouche ne sera jamais un chemin de passage pour un cabri. (bambara/Mali).

• Avec l'os qui a résisté à l'hyène, le chien ne doit pas s'amuser. (malinké/Afrique de l'Ouest).

• La panthère aime manger ce qui se traîne, mais elle même ne se traîne pas. (malinké/Afrique de l'Ouest).

• Si la panthère savait combien on la craint, elle ferait beaucoup de mal. (bamiléké/Cameroun).

• L'abondance de vers dans le marais n'empêche pas le phacochère de prendre du repos. (Côte d'Ivoire).

(On finit par se lasser des bonnes choses)

• Quand les canards font du tapage, les grenouilles se tiennent pour averties. (Madagascar).

• Changer les habitudes des chameaux, c'est vouloir s'en débarrasser. (touareg/Mali, Niger).

• Si des chameaux se vantent entre eux de leurs callosités, ils passeront la journée sans paître. (peul/Afrique de l'Ouest).

• Rendre perplexe comme une chauve-souris : quand elle vole, c'est un oiseau; quand elle ne bouge pas, c'est une souris. (Madagascar).

"Si tout le monde refuse mais que Dieu le veut, le pauvre vivra car :
L'oiseau n'a pas de seins, Dieu nourrit ses oisillons.
Le crapaud n'a pas de queue, Dieu l'évente.
Le chien n'a pas de cure-dent mais ses dents ne sont jamais sales.
L'âne n'a pas de mains mais il règle lui-même ses propres affaires.
Le chat n'a pas de vache mais il boit du lait dans la vie".
(Sorry Bamba, De la Tradition à la World music)

BONHEUR

Le bonheur est oiseau, à saisir quand il passe à portée de main.

• Le bonheur est un cristal qui se brise au moment de son plus bel éclat. (Egypte).

• Le bonheur d'une journée vaut mieux que toute une vie de malheur. (malinké/Afrique de l'Ouest).

• Si dans ta case, il y a le bonheur, sache que le malheur a seulement ajourné sa visite. (bamiléké/Cameroun).

• On ne connaît pas l'importance de ses fesses tant qu'on ne souffre pas d'un furoncle. (bambara/Mali).

• On ne fait pas danser un beau bébé en ne lui faisant pas face. (bambara/Mali).
(On ne tourne pas le dos au bonheur)

• A trop vouloir jeter au loin une grenouille qui vous dégoûte, elle finit par tomber dans une bonne mare. (dogon/Mali).
(Si on s'acharne méchamment contre quelqu'un, on finira par provoquer son bonheur)

• Si Dieu te donne le bonheur, il ne te demande pas le nom de ta mère ni celui de ton père. (bambara/Mali).

"N'oublie pas que le bonheur des hommes dépend de leurs pensées, de leurs paroles et de leurs actes". (Jean Pliya (né en 1931), La Fille têtue), Ecrivain béninois.

"Nul ne mange avec plaisir un met préparé sans coeur. Le don rend l'être meilleur, et qui ne sait pas donner ne peut avoir du bonheur." (Birago Diop (1906-1989), Les contes d'Amadou Koumba), Ecrivain sénégalais.

BONTÉ

Une horloge qui rythme les heures, les minutes et les secondes de la générosité.

• Rien n'honore un ami autant que le cadeau, si petit soit-il qu'on lui envoie. (bambara/Mali).

• Porter ses regards sur la rétribution des bonnes oeuvres, c'est une manière d'oublier la bonté. (Mauritanie).

• Le remède du froid, c'est le feu; le remède de la tristesse, c'est la bonté. (bantou/Angola).

• Si tu fais un cadeau à un ingrat, donne-lui un vêtement, quand le vêtement commencera à se déchirer, il pensera à toi. (bambara/Mali).

• Poser le plat pour qu'il refroidisse, c'est attendre celui qui va le manger. (mossi/Burkina Faso).

• La bonté, comme l'ananas : aspérités dans les apparences, en réalité, douceur exquise. (Madagascar).

"Faire un repas, c'est manifester son rang, sa richesse et son prestige par la qualité et l'abondance des aliments que l'on consomme et que l'on offre." (I.G. Dictionnaire des Civilisations africaines).

"La bonté de l'homme est une flamme qu'on peut cacher mais qu'on ne peut jamais éteindre." (Nelson Mandela, Un long chemin vers la liberté).

Echo venu d'ailleurs :

"Un Ethiopien peut-il changer la couleur de sa peau
Ou une panthère faire disparaître ses tâches ?
Dans la même mesure il vous est possible de faire le bien
A vous qui avez pris l'habitude de faire le mal".
(La Bible)

BOUCHE A OREILLE

Le bouche à oreille est un ennemi. Invisible et insaisissable. Aujourd'hui paroles mielleuses, demain propos calomnieux comme une rumeur assassine.

• Quand la bouche commence à te démanger, tu te prépares à siffler ou à chanter un peu. (Cameroun).

• Une bouche sans couverture est inutile à son propriétaire. (Tchad).

• La bouche ignore que son maître est esclave. (Côte d'Ivoire).
(Une parole peut-être bonne ou mauvaise)

• Une parole agréable est épousée par une autre. (malinké/Mali).

• La parole est une coque de graines que le rusé décortique. (Côte d'Ivoire).

• La besace d'autrui ne sert pas de fourre-tout. (malinké/Afrique de l'Ouest).

• La bouche du pauvre s'use à parler des biens du riche. (malinké/Afrique de l'Ouest).

• Si une parole est sans cesse dans la bouche, elle finira par devenir de la bave. (malinké/Afrique de l'Ouest).

• A celui qui ne te demande pas ton avis pour son voyage, ne lui adresse pas des formules de bienvenue à son retour. (malinké/Afrique de l'Ouest).

• Qui se promène beaucoup dans les bananeraies fait beaucoup de ragots sur les autres. (Madagascar).

• Au retour du puits, une femme a beau être éloquente, elle n'en est pas moins au-dessous de la cruche posée sur sa tête. (Madagascar).

• La poule ne se lave pas mais son oeuf est blanc. (Guinée).
(On ne doit pas juger d'après les apparences)

• Tout ce qui arrive dans le haut pays sera connu dans la vallée. (peul/Afrique de l'Ouest).

• Mieux vaut voir de ses propres yeux qu'être informé par autrui. (touareg/Mali, Niger).

• Le rônier et son fruit ne font pas de bruit si le vent n'y pénêtre pas. (malinké/Afrique de l'Ouest).
(Le bavard parle beaucoup si on le fait parler)

• Foulure de bouche ne peut être massée avec du beurre. (Ethiopie).

• Racontar n'a pas de fruit, fleur n'a pas de paille. (Ethiopie).

"Notre fils est un homme de bien; il n'est pas comme le mortier qui, dés qu'on lui apporte la nourriture, tourne le dos à la terre."

(Chinua Achebe, Femmes en guerre), Ecrivain nigérian né en 1930.

"La parole acquiert encore plus de puissance à l'heure de la mort où les mots prennent l'allure d'ordres sacrés". (Francis Bebey, Le fils d'Agatha Moudio), Musicien, écrivain et cinéaste camerounais né en 1929, Prix Littéraire de l'Afrique noire en 1968.

BOURGEOISIE

Les nouveaux riches ont l'éclat des bijoux de pacotille. Ils copient tout ce qui brille, délaissant les pierres précieuses de la fraternité et de l'entraide.

• N'imitez pas les plumes de la queue d'un coq : quoique poussées sur la partie la moins noble, elles prétendent être admirées. (Madagascar).

• Qui oublie ses origines sera inquiet pour sa fin. (peul/Afrique de l'Ouest).

• Ne repousse pas du pied la pirogue qui t'a permis de traverser la rivière. (malinké/Guinée).

• Il dédaigne un morceau de viande et accepte un morceau d'os ! (peul/Afrique de l'Ouest).

• Certaines personnes sont comme des aigrettes qui, pour avoir un vêtement immaculé, n'en mangent pas moins du bout du bec des aliments innommables. (Madagascar).

• Ce n'est pas parce que le cabri fait des crottes qu'il est pharmacien. (créole/Antilles).

• Qui garnit son grenier en s'éclairant d'une torche en indique l'endroit aux rats. (Mauritanie).

• L'hyène s'est procuré un briquet d'aujourd'hui, la brousse est illuminée ! (peul/Afrique de l'Ouest).

"Et Karim, comme ses pairs, aimait bien montrer ses biens : sa voiture, sa maison, ses meubles comme sa femme. "Se montrer, montrer tout ce que l'on a, et pour cela s'enrichir par tous les moyens, telle semblait être toute la philosophie de ces gens qui, pour la plupart, étaient d'anciens fauchés." (Charles Cheikh Sow, Cycle de sécheresse), Ecrivain sénégalais né en 1946.

BUREAUCRATIE

Qu'elle soit en col blanc, en babouche ou en chéchia, la bureaucratie est partout la même. Inertie et impuissance. Un lent sommeil sur un lit de paperasse.

• Le postérieur ne dit pas à son propriétaire : lève-toi ! (malinké/Afrique de l'Ouest).

• Quand les actes parlent, les paroles sont inutiles. (Mali).

• La paresse va si lentement que bientôt la misère l'a atteinte. (Madagascar).

• Allez savoir laquelle est la victime lorsque la biche et la tortue sont chargées d'une même mission ! (malinké/Afrique de l'Ouest).

• L'élimination d'un brin de paille ne fait pas crouler la case. (Bénin).

• Si un pagayeur se met à avoir des nausées, c'est qu'il a pris la pagaie pour une houe. (peul/Afrique de l'Ouest).

• Quand son propriétaire n'est pas là, la brebis donne moins d'agneaux. (Mauritanie).

• Avoir les bras longs est bien, mais savoir ce que l'on soulève est encore mieux. (Côte d'Ivoire).

"Il faut réclamer, réclamer, toujours réclamer (...) Et ça fait des papiers, ça fait des palabres. Tout le monde rouspète (...) chaque bureau semble un tombeau pour les papiers (...) parfois un puissant personnage en fait exhumer un, mais les autres gisent dans leurs sarcophages posés sur des rayons." (Bernard Dadié, Climbié), Ecrivain ivoirien né en 1916.

"Ta carte d'identité !" Vous trouvez que je ne suis pas assez identifié comme celà ? Identifié par l'histoire. Identifié par la terre, cette terre qui est sous nos pieds, qui m'a vu naître et qui sera ma dernière demeure. Identifié par le soleil qui est sur nos têtes, l'immense ciel. Identifié par la population. Qui, dans ce royaume, ne me connaît pas ?" (Jean-Marie Adiaffi, La Carte d'Identité), Ecrivain ivoirien né en 1941.

BUT

C'est le phare qui guide dans la nuit. C'est la boussole qui indique la bonne direction. C'est le point de mire, le point de convergence de toutes les énergies.

- Le but du monde, c'est l'homme, et le but de l'homme, c'est le monde. (Egypte).

- Dieu ne fait qu'ébaucher l'homme, c'est sur la terre que chacun se crée. (bamiléké/Cameroun).

- Ce que désire ardemment le coeur met les jambes en route tôt le matin. (Burundi).

- Manquer dans la vie la ligne de conduite, c'est imiter la pirogue abandonnée au fil de l'eau. (Madagascar).

- Cent glissades n'empêchent pas la tortue d'entrer dans le marigot. (Côte d'Ivoire).

"Un seul Dieu ! Un seul but ! Une seule destinée !" (Devise de

l'Organisation de Marcus Garvey (1887-1940), Précurseur du pan-africanisme et fondateur du Garvey's Watchman).
Ses mots d'ordre : "L'Afrique aux Africains", "Renaissance de la Race noire", "Eveille toi Ethiopie") in Mémoire de l'Afrique, I.B. Kaké).

"Réapproprier le développement par la base, n'est-ce pas d'abord " se connaître, savoir qui on est, pour mieux définir ce qu'on veut, où on va et comment ? N'est-ce pas savoir être à l'écoute de tous les réseaux de communication des ambiances orales africaines, notamment les vieux, les vieilles, ces Anciens d'Afrique qui ayant acquis au fil des ans l'intelligence des codes et des lois de la nature, savent mieux que quiconque expliquer la trame des symboles qui rattachent les humains aux êtres et aux choses, aux institutions et aux systèmes... ?" (Femmes africaines du Troisième Age, in Almanach africain 1984, A.C.T.T.).

"Dans la vieille Afrique, il n'y a pas de profane : tout est religieux, tout a un but, tout a un motif". (Amadou Hampâté Bâ, Contes initiatiques peuls).

C

COMME CHÔMAGE

Comme chaque matin le réveil sonne à six heures

Comme d'habitude tu te rases, tu te laves

L'odeur du café coule dans la maison

Et puis tu pars dans ta voiture

Pour le bureau, pour le travail.

Comme chaque soir tu rentres à 19 heures

Comme d'habitude tu sonnes trois coups

Tu accroches le chapeau, tu enlèves le pardessus

Les enfants accourent et se jettent à ton cou.

Brusquement dans tes yeux passent des nuages

Tu caches derrière ta main des larmes amères

Que rapidement tu essuies en cachette

Deux ans déjà que tu joues ce personnage

Deux ans déjà que tu es au chômage.

CALME

Le calme descend sur la brousse : c'est l'heure où les animaux se désaltèrent au bord de la rivière.

Le calme si propice à la réflexion. Il est l'ami de l'artiste et le conseiller discret des hommes de pouvoir. Il marche main dans la main avec la tempérance, dans le palais des rois ou dans les bureaux des officiers de commandement.

• Celui qui a réfléchi à ce qui vient, ne sera pas surpris par ce qui viendra. (peul/Afrique de l'Ouest).

• Le caméléon ne marche pas vite mais tu n'as jamais vu un caméléon souffrir de la faim. (malinké/Afrique de l'Ouest).

• La braise rouge laissée le soir dans le foyer blanchit pendant la nuit. (bambara/Mali).

• C'est à force de rouler que l'asticot arrive au bout du monde. (malinké/Afrique de l'Ouest).

"Pour l'Africain traditionnel, le temps n'est pas rare, il peut se permettre de le gâcher, et celui qui ne le gâche pas avec lui n'obtiendra rien de lui." (A. Hampâté Bâ, interview, 66ème session du Conseil exécutif à l'Unesco, 1963).

"Des jours passent avec leurs ennuis que l'on ne peut hâter; des jours s'écoulent avec leurs joies qu'on ne peut retenir; et l'on court après trois biches aux trois-pattes jusqu'à ce que sonne l'appel des ancêtres." (Birago Diop, Les Contes d'Amadou Koumba).

CAMARADERIE

Une certaine connivence, une joie de faire des choses ensemble: un élan du coeur en somme.

• Plutôt qu'une clôture de bois, mieux vaut une clôture d'hommes. (malinké/Afrique de l'Ouest).

• Les cauris (coquillages) qui ont les mêmes marbrures ne se font pas de cachotteries. (malinké/Afrique de l'Ouest).

• L'escargot en villégiature sera l'hôte de la tortue. (Bénin). (Qui se ressemble s'assemble)

• O petit oiseau-mouche, ne revêts pas le baudrier, viens te tenir sur la graminée géante, afin que nous pesions sur elle pour la picorer ! (Cameroun).

• C'est grâce à ses paroles aimables que le mille-patte traverse une colonne de fourmis-magnans sans dommage pour lui. (malinké/Afrique de l'Ouest).

"Qu'Allah me donne un ami véritable, petit ou grand,
Même un bébé qui tète ou qui est dans le ventre de sa mère,
Quand il naîtra nous serons amis,
Qu'Allàh me donne un ami véritable, petit ou grand".
(Chant de jeunesse, Nigéria)

CANAL

Un bras d'eau qui relie le fleuve à la mer, qui relie le fleuve et le ruisseau, qui relie les hommes qui naviguent sur l'eau...

• A traverser l'eau, en groupe, on ne craint rien des crocodiles. (Madagascar).

• Chaque filet d'eau a son chemin. (bambara/Mali).

• La rivière qui dévale s'engorge. (Rwanda).

• La rivière a beau être pleine, elle veut encore être remplie. (Cameroun).

• L'eau de la rivière coule sans attendre l'homme qui a soif. (malinké/Afrique de l'Ouest).

• On ne bloque pas la rivière quand le poisson est déjà passé. (Zaïre).

• Il est inutile de rentrer son ventre en traversant la rivière si l'eau arrive jusqu'au cou. (bambara/Mali).

• Ce n'est pas au moment où les vagues sont les plus hautes que les piroguiers doivent cesser de ramer. (sangho/Centrafrique).

"Je suis moi-même un noeud de contradictions, je navigue entre deux rives, le passé et le présent, la tradition et la modernité". (Sembène Ousmane (né en 1923) in L'Afrique littéraire N°76), Ecrivain et cinéaste sénégalais.

CERVEAU

Labyrinthe où s'enchevêtrent les pensées bonnes ou mauvaises.

Machine aux performances inépuisables sur les sentiers de la connaissance.

• L'optimisme vient de Dieu, le pessimisme est né dans le cerveau de l'homme. (Afrique du Nord).

• Les pensées d'un homme sont son propre royaume. (bantou/Angola).

• L'intelligence d'un seul est comme un sac percé. (bambara/Mali).

• A vouloir paraître trop intelligent, on finit par saluer le mouton. (Côte d'Ivoire).

• Celui qui est intelligent jauge bien la taille du lièvre avant de commencer à partager sa chair. (mossi/Burkina Faso).

• La petite tourterelle est sur l'arbre, mais son intelligence se préoccupe de la gerbe de mil. (malinké/Afrique de l'Ouest).

"Quand la mémoire va chercher du bois mort, elle amène le fagot qui lui plaît". (Birago Diop).

CHAGRIN

Brisure de l'âme déversant son trop plein d'amertume.

Le chagrin, des larmes pures, comme une nouvelle clarté qui illumine le regard.

• Le chagrin est comme un grand trésor, on ne le dévoile qu'à ses amis. (Madagascar).

• Le chagrin est comme le riz dans le grenier : chaque jour il diminue d'une petite mesure. (Madagascar).

• Aux funérailles, la femme-pleureuse qui pleure beaucoup n'est pas celle qui souffre. (Côte d'Ivoire).

• Ceux qui te pleureront le jour où tu seras mort, tu les achètes pendant que tu vis. (malinké/Afrique de l'Ouest).

• Qui n'a pas trouvé à se marier fait du chagrin sa provision de route. (Rwanda).

• Celui qui fait pleurer les yeux fait pleurer les narines. (Côte d'Ivoire).
(Le malheur se partage)

• Quand l'arête de poisson est fixée entre les molaires, la langue ne connait pas de repos. (Zaïre).
(Le chagrin se partage au sein d'une famille)

• Le coeur s'affligerait moins souvent si les oreilles n'étaient là pour lui apprendre les mauvais propos qui se tiennent. (Madagascar).

"La cravache siffla encore. Pour la première fois depuis les ravages du choléra et ceux des criquets, mais aussi pour la dernière fois, je vis les larmes couler des yeux de mon père (...) Mon père avait déjà plongé la dague dans son coeur ! (Olympe Bhêly-Quenum, Un piège sans fin), Ecrivain béninois né en 1928.

"O mon mari, toi qui n'a jamais frappé
Mon fils sur la joue,
Qui n'étais pas avare quand les vieilles
Femmes s'approchaient de tes plats,
O mon mari, qui disais toujours :
"Donnez quelque chose à cette vieille femme !"
O mon mari qui savais tout ...
Dans ta tombe fraîchement creusée
Qu'on descende aussi ta femme".
(Chant funèbre/Afrique centrale)

CHANT

Chant d'oiseau sur la branche en solfège de joie et de paix,

Chant de l'amante si douce à l'oreille et au coeur,

Chant lugubre en gospels des fils d'esclaves,

Chant des partisans, chant de guerre aux bruits de bottes.

Chant mêlé de l'enfant et du vieillard aux fêtes de famille,

O chant intérieur, chant de l'espoir,

Chant du Sage qui marche seul au milieu de la nuit.

• Chaque oiseau chante les louanges de l'endroit où il passe la saison chaude. (peul/Afrique de l'Ouest).

• L'oiseau qui chante trop ne sait pas faire son nid. (bamiléké/Cameroun).

• Dans un choeur, il peut y avoir plusieurs jolies voix, mais il n'en est qu'une de très belle pour soutenir les autres. (Madagascar).

• Le coq a dit : " Je chanterai demain", il ne chanta plus jamais ! (Cameroun).

"L'Africain, que l'on présente souvent comme "l'homme du tambour", est plus encore l'homme du chant. Même les rythmes qu'il bat sur un tambour ont une vivacité d'expression." (A.S. Dictionnaire des Civilisations africaines).

"La plus grande chanteuse de blues du monde ne cessera jamais de chanter." (Epitaphe de la pierre tombale de Bessie Smith (1894-1937) célèbre chanteuse de jazz noire américaine).
... "Elle avait la musique dans l'âme et ressentait tout ce qu'elle faisait". (Hommage de Louis Armstrong).

"Le chant est le piment de la vie. Il nous unit dans une fraternité spontanée. Il honore les ancêtres. Il transmet le message. Il berce l'enfant au dos de sa mère. Il est le bain de jouvence des vieillards." (Sorry Bamba, De la Tradition à la World music).

"La savane chante un chant plaintif, elle berce la faim et la soif." (Moussa Konaté, Le Prix de l'Ame), Ecrivain malien.

CHASSEUR

Une tourterelle roucoule. Deux tourterelles roucoulent dans les feuilles de l'arbre. Le chasseur pose à terre son fusil. Il rêve à l'amour ...

• Le chasseur rencontre le gibier là où ils n'ont pas pris rendez-vous. (malinké/Afrique de l'Ouest).

• Quand le chasseur rentre avec des champignons, on ne lui demande pas des nouvelles de sa chasse. (ashanti/Ghana).

• Quand un chasseur s'habitue à la bouillie du matin, il ne part plus dans la brousse. (bambara/Mali).

• Si la vieillesse empêche le chasseur de chasser, il ne lui reste plus qu'à parler de ses exploits passés. (bambara/Mali).

• La viande de "c'est moi qui tuerai" n'entre pas au village. (malinké/Afrique de l'Ouest).

• Quand on va à la chasse, l'un voit la tête de l'antilope et l'autre voit ses cornes". (Congo).

• Mon pouvoir de chasseur ne peut tuer le diable ! (bambara/Mali).

• L'antilope, malgré les chasseurs, arrive à la taille adulte. (Rwanda).

• La panthère et le mouton ne chassent pas ensemble. (Côte d'Ivoire).

• En quelque endroit où le phacochère est allé, il s'en est allé avec ses défenses. (malinké/Afrique de l'Ouest).

• L'oiseau qui doit mourir d'un coup de flèche ne perçoit pas le sifflement avertisseur du danger. (Cameroun).

"*Le chasseur après avoir tué par nécessité l'éléphant dont la viande nourrira son groupe, doit se purifier et obtenir le pardon de l'esprit de l'animal.*" *(J.M. Dictionnaire des Civilisations africaines).*

"*Quand la femme du chasseur est enceinte et que la femelle du lion est en gestation, le chasseur et le lion doivent bien rester sur leurs gardes. Sinon l'enfant du chasseur servira de nourriture à la lionne ou c'est l'enfant du lion qui servira de nourriture à la femme du chasseur." (Sorry Bamba, De la Tradition à la World music).*

"Les hommes ont appris à tirer sans manquer leur but et moi (l'oiseau) j'ai appris à voler sans me percher sur le plus petit rameau. (Chinua Achebe, Le Monde s'effondre).

CHIMIE

Quelque chose qui peut tuer les poissons dans les rivières, engluer les oiseaux de mer, et détacher, une à une, les feuilles des arbres.

• Un Peul sans troupeau est un prince sans couronne. (peul/Afrique de l'Ouest).

• Il faut creuser les puits d'aujourd'hui pour les soifs de demain. (Afrique de l'Ouest).

• Le planteur de tabac servira à activer le feu de l'enfer. (peul/Afrique de l'Ouest).

• Tu détruis la belle ombre de ton village et tu cherches l'ombre des nuages qui passent ! (bantou/Angola).

• Vains seront les efforts de ceux qui s'efforcent de faire bouillir les eaux des étangs. (Sénégal).

• Le désert sera toujours plus fort que l'homme. (touareg/Mali).

• Le front de l'arbre a beau toucher le ciel, il ne doit pas oublier que seules les racines le tiennent au sol. (Afrique centrale).

• Le poisson ne trouve sa force que dans l'eau. (malinké/-Afrique de l'Ouest).

• Comme il est dans l'eau, on ne sait pas que le poisson pleure. (baoulé/Côte d'Ivoire).

• La soif du chameau ne s'estompe pas avec des galettes. (touareg/Mali, Niger).

• La terre ne peut que lécher tout ce que le ciel laisse écouler. (peul/Afrique de l'Ouest).

• La méchanceté de la brousse n'empêche pas qu'on la montre du doigt. (Afrique).

(Malgré l'interdiction, les braconniers tuent les animaux dans certaines réserves)

• A quoi bon s'affairer à toutes sortes de tâches, en oubliant de soigner la rizière qui fait vivre. (malinké/Afrique de l'Ouest).

"La Terre est notre seule demeure, la nature, notre unique jardin (...) Plus que ses maîtres, nous sommes les serviteurs de la nature, car c'est elle qui nourrit à la fois nos corps et nos esprits, qui irrigue nos veines et notre imaginaire". (Federico Mayor, Directeur général de l'Unesco, in Compagnons du Soleil, Joseph Ki-Zerbo).

"L'homme n'est pas un parasite de la nature; mais, réciproquement, la nature n'est pas seulement un coffret pour la mise en valeur de l'homme, un trône pour sa gloire, des tréteaux pour ses pantomines, ses orgies ou ses tragédies". (Joseph Ki-Zerbo, Compagnons du Soleil).

"Armes chimiques ou bactériologiques
Défient toutes les lois de la logique ...
Les océans sont radioactifs
Avec les missiles qui réfléchissent.
La terre entière s'asphyxie.
C'est un vrai suicide collectif".

(Alpha Blondy,in C.D. Massada)
Auteur-compositeur et musicien ivoirien né en 1953

Echo venu d'ailleurs :

"*Le désert m'a façonné, appris l'existence. Il est beau, ne ment pas, il est propre. C'est pourquoi il faut l'aborder avec respect. Il est le sel de la Terre et la démonstration de ce qu'ont pu être la naissance et la pureté de l'homme lorsque celui-ci fit ses premiers pas d'Homo erectus". (Théodore Monod, Le Chercheur d'absolu), Professeur, naturaliste français (né en 1903), Membre de l'Académie des Sciences.*

CLAIRVOYANCE

La clairvoyance est un miroir où le sage lit l'avenir. Il marchera loin du danger et des malfrats qui rôdent dans l'obscurité.

• Le désir de l'homme ne peut modifier le dessein de Dieu. (bambara/Mali).

• Marcher dans l'obscurité te fait voir plus clair. (bambara/Mali).

• Le futur n'est ni un déjeuner ni un dîner mais mérite d'être prévu. (Sénégal).

"*J'ai été sur le sommet de la montagne et j'ai aperçu au loin la terre promise. Je ne l'atteindrai peut-être pas, mais je veux que vous soyiez persuadés ce jour que vous, vous l'atteindrez". (Martin Luther King (1929-1968) - à la veille de son assassinat - La force d'aimer).*

"*Mes frères,*
Je vous invite à tracer notre histoire dans le ciel
A lire dans le halo de notre Lune silencieuse
Le message des temps à venir".
(Souleymane Koly -Théâtre Kotéba/Côte d'Ivoire)

COLERE

La colère est un jet de pierre. Elle peut toucher autrui, mais elle finit toujours pas atteindre celui qui l'a lancée.

• Le querelleur est comme le départ du borgne dans la nuit. (peul/Afrique de l'Ouest).

• Si tu te fâches contre l'obscurité, tu finiras par te faire mal aux orteils. (malinké/Afrique de l'Ouest).

• Tu t'es querellé avec le coq, tu t'es querellé avec la chauve-souris, qui t'annoncera qu'il fait déjà jour ? (malinké/Afrique de l'Ouest).

• Tu ne vas pas à une réunion de singes sans être touché par la queue d'un singe. (bambara/Mali).
(Certains lieux sont propices aux disputes)

• Si le père et la mère se disputent pour un oeuf, leur enfant n'aura jamais de poule. (Guinée).

• S'il y a des disputes à l'endroit où l'on taille les cure-dents, c'est que ceux qui s'y trouvent ont des dents. (Côte d'Ivoire).

• Celui qui se met en colère contre les moustiques, les claques qu'il se donnera le tueront. (bambara/Mali).

• Si tu casses la marmite le jour où elle n'a rien fait bouillir, tu ne pourras plus y faire de cuisson. (malinké/Afrique de l'Ouest).

• Si dans ta colère tu jettes des grains de riz par terre, avant que tu aies fini de les ramasser, ta colère passera. (bambara/Mali).

• On ne tresse pas les cheveux en fermant les yeux sur les poux. (Côte d'Ivoire).

(Dans une réconciliation, il faut savoir reconnaître ses torts)

• On se moque du petit piment mais vingt cinq francs de petit piment mettent le marché en effervescence ! (bambara/Mali).

• Passer la nuit avec la colère de l'offense vaut mieux que passer la nuit avec le repentir de la vengeance. (Mauritanie).

• Là, où l'on ne pile pas, on n'apporte pas les pilons. (Zaïre).

• Celui qui t'empêche de te battre, donne-lui une récompense. (Congo).

• Les querelles naissent dans les crocs-en-jambe. (Zambie).

• Une grande jupe de franges n'enlève pas la colère du ventre. (Burundi).

• Si les pierres se querellent, ce n'est pas à l'oeuf de les séparer. (Togo).

• Le caillou lancé avec colère ne tue pas l'oiseau. (Mali).

• Le requin se met en colère et la mer se calme. (Bénin).

• Deux eaux chaudes ne se refroidissent pas. (bambara/Mali).

• Quelque soit la grosseur de la marmite on lui trouve toujours un couvercle. (bambara/Mali).

• Le bâton en tapant dans la cendre soulève forcément de la poussière. (Bénin).

"Nos ennemis ont commencé par s'avancer en creusant leur chemin dans le pays comme des taupes." (Menelik II (1844-1913) Empereur d'Ethiopie, in Le défi colonial, A.A. Boahen in Courrier de l'Unesco N°1205).

"(...) Aujourd'hui nous sommes en face de gens qui mettent tout leur génie à nourrir leurs semblables de fausses promesses. De notre temps, à la guerre comme dans la vie, on combattait de face. Aujourd'hui, le plus fort est celui qui sait dissimuler le mieux. Nos enfants ne veulent plus nous suivre (...) Devons nous faire de nos enfants des adversaires ? Non ! (Seydou Badian, Sous l'orage).

Echos venus d'ailleurs :

"Si l'esprit de celui qui domine s'élève contre toi, ne sors point de ta condition; car la douceur fait pardonner de grandes fautes". (La Bible, Ecclésiaste, X, 4).

"Evitez toute querelle avec les Ethiopiens, car ils ont reçu en partage les neuf dizièmes du courage de l'humanité". (Mahomet (570-632) Le Prophète de l'Islam.

COLLECTIVITÉ

La collectivité est le creuset dans lequel doit s'épanouir l'individu. Celui-ci, grâce à l'expérience des anciens pourra aller plus loin avec ses outils propres.

• Celui qui a un morceau de viande va trouver celui qui a du feu. (bambara/Mali).

• Un seul doigt est incapable d'attraper une puce. (créole/ Antilles).

• Avec une seule pierre dans l'âtre, il n'est pas aisé de faire bouillir de l'eau. (Burundi).

• La corvée commune, c'est comme le firmament : chacun supporte sa part au-dessus de la tête. (Madagascar).

• La corvée commune est comme l'eau qui s'amasse dans l'empreinte d'une patte de poule : divisée en trois parts, elle en devient légère. (Madagascar).

• Sauterelles qui éclosent ensemble ont ensemble leur mue. (Madagascar).

• Quand les mâchoires se rencontrent, elles brisent un os. (Ouganda).

• Un seul bâton se casse, cent bâtons ne cassent pas ensemble. (malinké/Afrique de l'Ouest).

• Le coq appartient à un seul propriétaire mais il chante pour tout le village. (malinké/Afrique de l'Ouest).

"*Je ne suis rien sans lui.*
S'il fait un faux pas et trébuche,
Je trébuche avec lui, si je ne peux le retenir.
(Seydou Badian, Sous l'orage).

COLOMBE

Oiseau de bon augure, la colombe apporte la paix et la sérénité.

• Qui vit longtemps voit la danse de la colombe. (Nigéria).

• Donne à manger au passereau, à la perdrix, à la colombe, peut-être un jour l'aigle royal tombera-t-il dans tes filets. (Afrique du Nord).

"*Que l'Afrique devienne une étoile brillante au firmament !" (Marcus Garvey (1887-1940), in Mémoire de l'Afrique, I. Baba Kaké).*

"La seule révolution possible sera celle qui nous apporte une année lumière nouvelle". (Tchicaya U Tam'si (1931-1988), La Prochaine Escale), Ecrivain congolais, Grand Prix de poésie au Festival de Dakar en 1966.

COMBAT

Plus dur est le combat, plus beau sera le succès. Le lutteur se prépare dés l'aube. Il a chassé l'angoisse et la peur. Il a redressé l'échine pour mieux voir le jour.

• Si tu terrasses une personne qui a la "bouche dure", terrasse là dans la cendre. (bambara/Mali).

(Ne pouvant nier sa chute, elle ne peut plus rien te reprocher)

• Celui qui n'a pas lutté est fort à la lutte. (peul/Afrique de l'Ouest).

• Ceux qui se combattent ne s'enduisent pas de graisse. (Madagascar).

• Si le jeu de lutte est demain, fermes-tu le poing dès aujourd'hui ? (Cameroun).

• C'est la poule qui sait où sont situés les yeux du ver de terre. (Côte d'Ivoire).

(Celui qui a l'habitude de se battre avec un adversaire en connaît ses points faibles)

"Attrape l'adversaire comme un fauve sa bête de proie; va à l'assaut et chevauche les adversaires que tu auras couchés au sol; sois le champion qui terrasse et étreint ! Mais surtout reviens sans tiraillement." (Conseils d'une mère sérère à son fils lutteur), (Raphaël Ndiagne, Peuples du Sénégal).

"Nous brandissons nos lances et nos boucliers, symboles de notre

courage et de notre esprit combatif. (...) La foi que nous aurons dans nos décisions irrévocables sera comme le fléau d'une balance". (Rituel des guerriers du Kenya).

"Nos mains crispées dans l'étreinte du combat
Montrent à ceux qui pleurent des éclats d'avenir".
(David Diop (1927-1960), L'Agonie des chaînes)

CONFIANCE

La confiance se lit dans le regard, comme dans un miroir reflétant la noblesse de l'âme.

• Que votre coeur ne se confie pas dans les richesses. (Madagascar).

• Celui qui avale un gros noyau a confiance dans la longueur de son cou. (malinké/Afrique de l'Ouest).

• Si tu vois un aveugle danser devant un puits, c'est qu'il a confiance en son guide. (dogon/Mali).

• Si tu mets une faucille dans un sac, on ne saura pas que c'est une faucille, on saura que c'est une chose tordue. (bambara/Mali).

(La confiance peut camoufler une ruse)

• A trop confier sa tête, on finit par l'offrir à quelqu'un qui serait heureux de la casser. (Mali).

• La confiance est finie dés que l'eau a cuit le poisson. (bambara/Mali).

• Un chat n'exerce pas le commerce de poisson frit. (Bénin).

• On ne confie pas à l'hyène le cadavre d'une antilope. (bambara/Mali).

• La panthère n'a pas peur des tâches qui sont sur la peau de sa mère. (malinké/Afrique de l'Ouest).

(Un enfant fait confiance à sa mère)

•Ne crois plus à moi, si je ne respectais pas ce qui vient de se passer entre nous. (formule solennelle en Afrique traditionnelle).

"Tout est entre les mains de l'homme. S'il progresse intérieurement, moralement, spirituellement, il pourra faire un sage usage de ses découvertes scientifiques, et en faire bénéficier toute l'humanité." (A. Hampâté Bâ, Aspects de la civilisation africaine).

CONNAISSANCE

La connaissance du passé est la richesse de demain.

La connaissance se transmet, de génération en génération, grâce à des maîtres désintéressés et qui ont foi en l'homme.

• La connaissance ne connaît ni la race, ni la porte fraternelle : elle anoblit son homme. (malinké/Afrique de l'Ouest).

• La connaissance est plus près du silence que de la parole. (Mauritanie).

• La meilleure des connaissances est celle qui mène l'homme vers les autres hommes. (bambara/Mali).

• Sois à l'écoute, tout parle, tout est parole, tout cherche à nous communiquer une connaissance. (bambara/Mali).

• Connaître le cheval et l'arbre, oui, mais se connaître soi-même, c'est mieux. (bambara/Mali).

• Si vous voulez sauver des connaissances et les faire voyager à travers le temps, confiez-les aux enfants. (bambara/Mali).

• Celui qui sait ce que tu as mangé connaît la manière dont tu t'es rassasié. (peul/Afrique de l'Ouest).

• La laine réchauffe, la mousseline embellit : celui qui les porte sait laquelle lui convient le mieux.(Abyssinie/Ethiopie).

• C'est celui qui connaît le chien qui lui arrache l'os. (malinké/Afrique de l'Ouest).

• Le veau ne connaît pas le lion mais la vache en sait davantage. (bambara/Mali).

• L'oiseau qui est perché sur la branche peut se vanter de connaître tout ce que la terre porte mais non ce qu'elle renferme.(Côte d'Ivoire).

"Le fait de n'avoir pas d'écriture ne prive pas pour autant l'Afrique d'avoir un passé et une connaissance ... la connaissance africaine est immense, variée et concerne tous les aspects de la vie." (Amadou Hampâté Bâ, Aspects de la civilisation africaine).

"La tradition transmise oralement est si précise et si rigoureuse que l'on peut, avec divers recoupements, reconstituer les grands événements des siècles passés, notamment la vie des grands Empires ou des grands hommes qui ont illustré notre histoire."(Amadou Hampâté Bâ).

CONQUERANT

Tu me dis "conquérant" et je pense aux dévastations, aux pillages, aux incendies qui ont réduit en cendres des civilisations glorieuses. Quelle différence avec les usurpateurs ? Ceux que j'aime, ce sont les "Résistants" qui combattent pour l'honneur de leur Patrie ...

• Tout porteur de fusil le porte pour sa patrie. (bambara/Mali).

• Le propriétaire de l'épée est celui qui en tient la poignée. (Rwanda).

"Tiékoro, tue-moi ! tue-moi pour que je ne tombe pas entre les mains des Blancs". "Moi vivant, les Français n'entreront pas à Sikasso". (dernières paroles de Bambemba, roi du Kénédougou, XIXème siècle), in Les Batailles célèbres, I.B. Kaké).

"Nous (Citoyens de Saint Domingue) avons appris à affronter les dangers pour conquérir notre Liberté, nous saurons braver la mort pour la conserver". (Toussaint Louverture (1743-1803) - 5 novembre 1797- Général haïtien), in Les Légions noires, I.B. Kaké).

"Je veux vivre digne et généreux". (Lat-Dyor Diop (1842-1886), Roi du Cayor), in Les Batailles célèbres, I.B. Kaké).

"Je ressemble à ce grand nuage où gronde le tonnerre. Personne ne peut l'empêcher de faire ce qu'il veut. Moi aussi, je regarde les peuples, et ils tremblent". (Tchaka (1786-1828), Chef de guerre Zoulou, in Histoire de l'Afrique Noire, Joseph Ki-Zerbo).

"Si vous (les Français) voulez la guerre, je suis prêt : je ne la finirai pas quand même elle durerait cent ans et me tuerait 20 000 hommes". (Béhanzin (1844-1906), dernier souverain du Dahomey), in Mémoire de l'Afrique, I.B. Kaké).

"Les couleurs du drapeau adopté par le mouvement de Marcus Garvey sont "le rouge comme le sang des Noirs versé dans le passé et voué à l'avenir. Noir comme l'orgueil de la peau du nègre. Vert comme la promesse d'une nouvelle vie en Afrique." (I.B. Kaké, Mémoire de l'Afrique, La Diaspora noire).

"Dieu soit loué ! Lui seul est grand, sait tout et voit tout" (...) Les salutations que je vous adresse sont plus douces que le miel et sentent meilleur que le musc (...) Je croyais que les Blancs ne combattaient pas contre moi avant de m'avoir fait la paix". (Lettre de Samory Touré (1837-1900), dernier empereur mandingue, mort en captivité), in Les Batailles célèbres, I.B. Kaké).

"Je le (Dieu) prie tous les jours pour que mon sang et mon innocence servent à bâtir une Guinée libre". (Diallo Telli (1925-1977) in La mort de Diallo Telli, Amadou Diallo).

"Vous, Soldats, qui n'avez jamais eu peur,
Ecoutez le chant du Vautour,
Le chant immortel. (...)
Je chante le Vautour dans sa gloire.
Quand il se pose, il ouvre un gouffre en terre.
Le Vautour plane haut dans l'espace,
Il a quatre ailes.
Quand il prend le vol, de ses griffes puissantes,
Le sol est mis à vif.
Le Vautour méprise les lâches.
Il ne mange le coeur des braves tombés dans le combat."
(chant de guerre bambara) Dongo le Vautour
in Oeuvre Poétique, L. Sédar Senghor)

CONSCIENCE

La conscience, c'est le regard intime qui te voit dans toute ta nudité où que tu ailles, où que tu te caches, de jour comme de nuit. Il te montre le miroir du bien et du mal et t'empêche de dormir en paix si tu as du remords.

• Epouse ta conscience; si elle te mâche, elle ne t'avalera pas. (Mauritanie).

• L'homme est ce qu'il pense. (malinké/Afrique de l'Ouest).

• Il vaut mieux que le monde soit coupé de toi plutôt que toi coupé de toi-même par le mensonge. (Mali).

• C'est le murmure qui est l'interdit de celui qui a des défauts. (Afrique).
(Celui qui n'a pas la conscience tranquille craint toujours qu'on parle de lui)

"Et je dis (et le secours vient de Dieu !) qu'un gouvernement doit être fondé sur cinq choses : la première c'est que le pouvoir ne doit pas être donné à celui qui le recherche; la seconde est la nécessité de la consultation; la troisième est l'abstention de la violence; la quatrième est la justice; la cinquième est la bienfaisance". (Ousmane Dan Fodio (1754-1817) Commandeur des Croyants, Empire peul de Sokoto) in Mémoire de l'Afrique, I.B. Kaké).

"En ville, ce qui est voulu par-dessus tout est ceci : demeurer sous le soleil, y être riche ou chef, se sentir mieux que vous, avoir plus que tous, tenir les autres au bout de son fouet, les écraser de ses pas puissants (...). La ville gagnera le village et tout sera forêt de pierre." (Seydou Badian, Le Sang des Masques).

CONSEILLER

Heureux l'homme qui a un bon conseiller, dont l'intelligence l'éclaire dans les moments de doute, dont l'expérience le guide au milieu des tempêtes et dont l'amitié est un rempart contre l'adversité.

• Fais de la parole d'un vieillard, un talisman. (wolof/Sénégal).

• Suis la piste, même si elle tourne, suis le chef, même s'il est vieux. (touareg/Mali, Niger).

• Deux qui tiennent conseil l'emportent sur huit qui se tirent des flèches. (Rwanda).

• Quand le tressage des nattes s'emmêle, on est heureux d'avoir sa mère prés de soi. (Madagascar).

• Les conseils sont comme des voyages : si on les accueille, ils logent chez vous, si on ne les aime pas, ils s'en vont ailleurs. (Madagascar).

• Faites comme les épis de riz naissants : c'est peu de se

tenir debout, il faut encore s'incliner pour prendre conseil. (Madagascar).

• Comme le sel n'entre pas dans une arachide encore entière, les bons conseils n'entrent pas dans la tête d'un obstiné. (Madagascar).

• Lorsque les gardiens tiennent conseil, les oiseaux en tiennent un autre. (Rwanda).

• Celui qui n'écoute pas, écoutera le jour où l'araignée s'introduira dans son nez. (Zaïre).

• La rivière a refusé les conseils, elle est devenue tortueuse. (malinké/Afrique de l'Ouest).

• La tortue s'est fabriquée elle-même, c'est pourquoi ses pattes sont tordues. (Zaïre).

• La poule ne donne pas de mauvaises chenilles à ses poussins. (malinké/Afrique de l'Ouest).

• La biche qui ne suit pas sa mère finit toujours en peau de tambour. (Côte d'Ivoire).

• L'agneau qui n'écoute pas les conseils, les écoutera quand sa tête sera sur le feu dans une marmite. (malinké/Afrique de l'Ouest).

"Attention à ce que tu jettes dans la "mare de la vie", en raison des remous que cela ne manquera pas d'entraîner ! Si tu jettes un petit caillou, les ondes n'iront pas loin; mais si tu jettes un gros morceau de bois, les ondes n'auront de cesse qu'elles n'aient rempli toute la mare et n'aient atteint les rives. Non seulement elles risqueront de les dégrader, mais elles reviendront vers leur point de départ et leur rencontre avec les ondes de sens contraire peut provoquer un choc aux conséquences désastreuses et imprévisibles." (parole bambara, citée par A. Hampâté Bâ, in Aspects de la civilisation africaine).

"La parole est tout.
Elle coupe, écorche
Elle module.
Elle perturbe, rend fou.
Elle guérit tout ou tue net.
Elle amplifie, abaisse selon la charge.
Elle excite ou calme les âmes".

(Komo-Dibi, le chantre malien du Komo,
in Les Sages dépossédés de L.V. Thomas/R. Luneau)

CONTE

Le conte est un élément capital de la transmission de la culture orale africaine. Il puise sa source dans le vécu de la société et s'organise autour des mythes fondateurs. Il est à la fois, divertissement et convivialité.

• C'est l'enfant qui visite les vieux qui mange les restes de leurs repas. (mossi/Burkinabé).
(Les personnes âgées transmettent la tradition orale)

• La barbe ne conte pas de vieilles histoires aux cils. (Togo).
(Les jeunes n'enseignent pas les anciens)

• On ne conte pas de fable à des enfants endormis. (Burundi).

• Le récit est le lieu où l'on rencontre le passé. (peul/Mali).

"Nous pensons que l'Afrique d'aujourd'hui, comme celle d'hier et de demain, doit, plus que jamais, puiser sa sagesse dans ce riche patrimoine légué par les ans". (Benjamin Matip in Littérature africaine, Tome 1 de J. Falq M. Kane).

"Les contes sont les témoins de l'intérieur, non des observateurs étrangers." (Les Cahiers d'études africaines, N° 45, 1972).

"Conte, conté, à conter ...
Es-tu véridique ?
Pour les bambins qui s'ébattent au clair de lune,
mon conte est une histoire fantastique.
Pour les fileuses de coton pendant les longues nuits
de la saison froide, mon récit est un passe-temps délectable.
Pour les mentons velus et les talons rugueux, c'est une véritable révélation.
Je suis à la fois futile, utile et instructeur.
Déroule-le donc pour nous ..."
(Préambule traditionnel du conte Kaïdara, A. Hampâté Bâ).

CORPS

Il est un outil au service d'un grand maître qui s'appelle la vie.

• Le corps de l'homme est comme le raphia, ce sont les autres qui le travaillent. (Gabon).

• Le corps est le pagne de l'âme : c'est le serviteur qui enchaîne le maître. (Madagascar).

• Les vêtements cachent le corps mais ne cachent pas la généalogie. (toucouleur/Sénégal).

• Le coeur de l'homme est comme la mouche : jamais en repos. (touareg/Mali).

• Le coeur d'un homme, c'est un pays étranger. (Ghana).

• La bouche est petite mais son souffle est long. (bambara/Mali).

• Ce que la bouche a gagné, c'est la langue qui le lui a donné. (peul/Afrique de l'Ouest).

• La langue est la maison de l'être. (malinké/Afrique de l'Ouest).

• La langue devenue lion, bondit sur son maître. (peul/Mali).

• Un grand nez, mais qui manque de narines, n'est d'aucune valeur. (Toucouleur/Sénégal).

• Quand la tête est présente, le genou ne porte pas le chapeau. (Cameroun).
(On respecte les supérieurs)

• Les oreilles sont des habitations en pente où rien ne se perd. (Madagascar).

• Les cheveux blancs d'un albinos ne se laissent pas teindre. (malinké/Afrique de l'Ouest).

• Le fil blanc ne meurt pas dans les cheveux noirs. (Bénin).
(La malice doit être subtile)

"La propreté du corps est un signe certain de respect envers les autres et envers soi-même. Et c'est pourquoi nous faisons circoncire nos jeunes garçons". (Tradition orale du Mali).

"Femme nue, femme noire
Vêtue de ta couleur qui est vie,
de ta forme qui est beauté !
J'ai grandi à ton ombre;
la douceur de tes mains bandait mes yeux.
(...)
Femme nue, femme noire !
Je chante ta beauté qui passe,
forme que je fixe dans l'éternel.
Avant que le destin jaloux ne te réduises
en cendres pour nourrir les racines de la vie.
(L. Sédar Senghor, Chants d'ombre)

CORRUPTION

Gangrène qui ronge les individus assoiffés de puissance, qui ronge les pays et surtout les plus pauvres.

Elle suinte l'injustice et la haine.

Elle tue dans l'oeuf l'idéal de l'effort, du courage, et de la persévérance.

• Le mal que sème un personnage puissant pousse sur la tête d'un enfant. (Rwanda).

• Qui dévore les biens d'autrui ne fait pas de rots. (Burundi).

• Une bouche sale ne peut pas dire la vérité. (bambara/Mali).

• On a beau nourrir un ventre, il se garnit quand même à votre insu. (Sénégal).
(Certaines fréquentations entraînent à l'excès)

• Si on prend du bois là où sont les fourmis, il faut se nettoyer le cou. (malinké/Afrique de l'Ouest).

• Une mouche ne bourdonne pas autour de quelqu'un pour rien. (malinké/Afrique de l'Ouest).

• Si le cuir devient sec, les mouches rentrent chez elles. (Burundi).

• Où il n'y a pas de vautours, les moineaux servent d'empenne aux flêches. (Rwanda).

• A force de sucer, le moustique finit pas se faire aplatir. (Madagascar).

• A force de creuser profond, l'oryctérope (mammifère) tombe sur les os de son oncle. (bambara/Mali).

• La termitière mange ses propres champignons. (peul/Afrique de l'Ouest).

• Le caillou se mêle au haricot pour avoir de l'huile. (Burkina Faso).

• Les rats sont devenus les propriétaires de la maison et le chat est devenu leur locataire. (Afrique du Nord).

• Si le rat a mis une culotte, ce sont les chats qui le lui enlèveront. (malinké/Afrique de l'Ouest).

• Le petit lézard a des petits et le grand lézard trouve un repas gratuit en mangeant les petits de l'autre. (Madagascar).

• L'accumulation fait un gros tas d'ordures. (bambara/Mali).

"Si tu veux tuer un homme de grande dignité, offre-lui tous les jours ce dont il a besoin pour vivre. A la longue tu en fais un serf". (Sembène Ousmane, Guelwaar).

"Au fronton de l'hôpital, le drapeau de toutes les corruptions flottait, exhibant ses trois couleurs : le noir, le vert, le blanc. La crasse brillait au loin, le vert se rengorgeait avec volupté, le blanc faisait la moue et criait : "Pata-Pata". (Ibrahima Ly, Toiles d'araignée), Ecrivain malien.

COUPLE

Le couple, comme deux boeufs côte à côte tirant la même charrette sur les sentiers de l'existence.

Le couple : quand l'un n'est pas là, l'autre a perdu le sourire. Quand l'un est malade, l'autre souffre. Quand l'un pleure, l'autre a du chagrin.

• Le couple est comme un ver à soie : ce n'est qu'à l'intérieur qu'il se renforce. (Madagascar).

• Ceux qui montent dans une pirogue ont les mêmes aspirations. (Wolof/Sénégal).

• Pendant la lune de miel, les ignames sont toujours douces. (ashanti/Ghana).

• Le gain de l'homme est dans la plante de ses pieds, celui de la femme est sur ses fesses. (bambara/Mali).

(La femme reste au foyer pendant que son mari se déplace pour gagner de l'argent)

• Couvert de boue, l'eau vous délivrera; couvert de blâme, l'éloquence vous délivrera; couvert de tristesse, l'être aimé vous délivrera. (Madagascar).

• La langue et les dents sont condamnées à cohabiter toute une vie malgré les morsures. (bambara/Mali).

• Deux grandes calebasses ne s'emboîtent jamais. (bambara/Mali).

(Quand deux personnes vivent ensemble, l'une d'elles doit se soumettre)

"C'est de l'harmonie du couple que naît la réussite familiale" (...) "Tu oublies que j'ai un coeur, une raison (...) Tu ignores ce que marier signifie pour moi : c'est un acte de foi et d'amour, un don total de soi à l'être que l'on a choisi et qui vous a choisi". (Mariama Bâ (1929-1981), Une si longue lettre), Prix Noma 1980, Femme écrivain sénégalaise.

"Un célibataire, homme ou femme, est un potager sans clôture, à la merci des animaux qui divaguent". (Amadou Hampâté Bâ, Amkoullel, L'enfant peul).

COURAGE

Le courage avance dans la nuit. Il n'a pas peur du serpent. Il n'a pas peur de trébucher sur une pierre. La lumière qui l'éclaire est la volonté. Sa lampe brûle à l'huile de la vérité, de sa vérité.

• Celui qui se réveille et se lève au premier chant de la perdrix profite du meilleur fruit tombé la nuit. (Cameroun).

• C'est la cuisinière qui est la première à savoir si le riz est bon. (malinké/Afrique de l'Ouest).

• Si tu n'as pas porté le soleil sur le dos, tu le porteras sur ta tête. (malinké/Afrique de l'Ouest).

• Si tes camarades courent, cours aussi, n'attends pas, quelque soit ton courage. (touareg/Mali, Niger).

• Il ne faut pas quitter là où est le tambour pour aller ailleurs faire le tam-tam avec son ventre. (bambara/Mali).

(Il faut avoir le courage de parler au sein de la communauté)

"Va où c'est difficile !" (El-Hadj Omar Tall (mort en 1864), Prophète toucouleur, Royaume du Fouta-Toro/Guinée), in Mémoire de l'Afrique, I. B. Kaké.

"Pour le guerrier ou l'homme fort, le plomb et la goutte d'eau sont synonymes. Il les crache. Il crache tout aussi bien le venin que le poison. Le feu glisse sur sa peau. Rien ne le touche, rien ne le blesse." (Jean Malonga (1907-1985), La légende de M'pfoumou Ma Mozono), Ecrivain congolais.

"Si vous les hommes vous avez peur, cela vous regarde, quant à nous femmes sonraïs, armas, arabes et touaregs, nos pagnes sont solidement serrés autour de nos reins. S'il le faut nous achéterons des bandes de coton pour les ceindre davantage ..."(Aoua Keïta, Femme d'Afrique), Ecrivain et militante malienne.

"Le courage est une manière continue de voir le monde,
D'être avec soi, avec les autres,
Une manière de penser la vie et la mort."
(Seydou Badian, Le Sang des masques)

CRAYON

Il court, il court sur la feuille blanche. Heureux l'homme qui sait s'en servir pour écrire toute la misère du monde, toutes les joies aussi ...et l'espoir , souffle de vie.

Harmonie et libération : c'est la pensée qui court sur la feuille en traits comme une fulgurance.

• Les livres sont les jardins des savants. (malinké/Afrique de l'Ouest).

"L'histoire dira un jour son mot... L'Afrique écrira sa propre histoire". (Patrice Lumumba (1925-1961 -assassiné) in Histoire de l'Afrique Noire, J. Ki-Zerbo).

Ecrire
Ecrire encore
Des mots déchirés
Des mots indélébiles
Des mots source
Des mots urgence
et résurgence
De nouvelles naissance
Comme des éclats de vie
Goutte à goutte

Comme ça
Jetés à la sauvette.

CRÉATIVITÉ

Pouvoir initiatique qui fait jaillir le beau, le vrai, le bon.

Pouvoir que donnent les Dieux à ceux qui savent quitter la grande route pour aller chercher la vérité dans les sentiers les plus obscurs de la forêt.

• La création oblige un homme à faire retour sur lui-même. (malinké/Afrique de l'Ouest).

"L'histoire africaine doit être une source d'inspiration pour les générations qui montent, pour les politiciens, les poètes, les écrivains, les hommes de théâtre, les musiciens, les savants de toutes sortes et aussi tout siplement pour l'homme de la rue." (Joseph Ki-Zerbo, Histoire de l'Afrique Noire).

"Il faut créer ... c'est aux poètes, aux artistes, aux écrivains, aux hommes de culture, qu'il appartient, brassant, dans la quotidienneté de souffrances et des dénis de justice, les souvenirs comme les espérances, de constituer ses grandes réserves de foi, ces grands silos de force où les peuples dans les moments critiques puisent le courage de s'assurer eux-mêmes et de forcer l'avenir." (Aimé Césaire, in revue Présence africaine, 1959, N° XXIV-XXV).

CROYANCE

C'est la foi qui tend les bras vers la lumière.

C'est le petit ruisseau qui demain sera fleuve.

• Les dispositions divines sont comme le soleil couchant : elles visitent toutes les portes. (Madagascar).

Si je croyais en Dieu, je lui adresserais la prière suivante :
O Dieu, protège l'Afrique

De nos nouveaux maîtres,
Donne leur l'humilité
Ouvre leurs yeux
Pour qu'ils puissent voir
Que le progrès matériel
N'est pas le progrès spirituel.
Seigneur, ouvre les oreilles des maîtres africains
Pour qu'ils puissent apprécier
La musique du tambour
Et la poésie de leurs mères".

(Ocol p,Bitek, Africa's cultural Revolution)

D

COMME DÉSESPOIR

Suicide
Y a pas de mode d'emploi
On n'y peut rien
et c'est tout
comment lutter
contre le présent
guillotine
Que faire
contre le passé
inexorable
bourreau
Suicide
personne ne se suicide
C'est la vie
qui vous tue
la mal vie
qui vous tue

Et le désespoir
coule dans les sables mouvants.

DECLIC

Déclic de la pensée faisant découvrir des horizons insoupçonnés.

Déclic du choc des idées faisant progresser les échanges et la connaissance.

Déclic parfois des armes menaçant la paix et le vol des palombes.

• Lorsque la bagarre paraît inévitable, frappe le premier. (bambara/Mali).

• De ce qui est en haut, tu t'informes auprès de la foudre. De ce qui est en bas, tu t'informes auprès de la taupe. (Rwanda).

• J'ai quitté une femme méchante, mais une case vide me l'a fait aimer de nouveau. (peul/Afrique de l'Ouest).

• Sel tombé dans l'eau : symbole d'une décision irrévocable. (Madagascar).
(Le mariage est conclu)

• Ambigü comme le cou d'un jeune poulet : le rejeter ? mais c'est de la chair ! L'avaler ? mais c'est de l'os ! (Madagascar).

"Enfin quoi ! je suis un homme ! Mes ancêres m'ont laissé tel quel ! Ils doivent me voir dans cet endroit où je me trouve ... N'essayons pas de leur faire honte. J'ai été circoncis au couteau et le sorcier a craché du piment sur ma blessure. Je n'ai pas pleuré ... Je n'ai jamais crié de ma vie. Un homme, et un vrai, ne crie jamais ... " (Ferdinand Oyono, Le Vieux Nègre et la Médaille), Ecrivain camerounais né en 1929.

DEFAITE/CONQUETE

Défaite-échec : coup de poing en plein coeur et c'est l'esprit qui trébuche.

Conquète-réussite : baume-caresse au coeur et c'est l'esprit qui exulte.

• Si vous êtes soupçonneux, on vous prendra pour un sorcier; si vous fermez bien votre porte, vous passerez pour un voleur. (Madagascar).

• Le soleil d'un roi ne peut terminer le monde. (bambara/Mali).

• Ne désespère pas au milieu des plus sombres afflictions de ta vie, car des nuages noirs tombe une eau limpide et fécondante. (Afrique du Nord).

• L'ombre dans l'eau n'est jamais mouillée, pas plus qu'au sec, elle ne peut être recouverte. (Madagascar).

• Le Bien, c'est ce qui est blanc -et le lait. Ce qui est noir - les balles de plomb -et la soif de l'été. (touareg/Niger).

"Le criquet dans le champ de ton ennemi n'est pas venu te prêter main-forte, au contraire, ce qu'il veut détruire en l'autre est ce qui te lie à lui. Lève-toi, arme-toi, agis en homme, tu seras un dieu. (Seydou Badian, Le Sang des masques).

DELINQUANCE

La délinquance naît de la pauvreté. Elle se nourrit du manque d'amour et de l'indifférence.

Elle est cri de révolte ou cri de haine, elle est cri de refus ou de malheur. La délinquance est un mal-être ...

• Qui n'a pas de défauts n'existe pas sous la voûte céleste. (peul/Afrique de l'Ouest).

• A l'approche de la nuit, les "sans-habits" ne font plus la différence entre "froid" et "vent". (peul/Afrique de l'Ouest).

• Celui qui passe la nuit dans la mare, se réveille cousin de grenouilles. (Afrique du Nord).

• Quand on se promène avec un écureuil, on apprend à grimper dans l'arbre mais aussi à voler. (Angola).

• La désobéissance ne tue pas, elle rend seulement les yeux rouges. (malinké/Afrique de l'Ouest).

• Quand le bras devient plus gros que la cuisse, il y a maladie. (mossi/Burkina Faso).

(Un jeune prétentieux se met en péril)

• Comme on le traite de chat sauvage, il se met à voler des poules ! (Madagascar).

• L'ébréchure de la hache se reproduit sur l'entaille. (Antilles).

• Le mil séparé de l'épi n'accepte pas d'être mis en gerbe. (touareg/Mali, Niger).

• Chien échappé à l'entrave, le sifflet ne le fait pas revenir. (foulfoudé/Côte d'Ivoire).

• Un chien n'est enragé que s'il est maigre. (Madagascar).

• C'est la mangouste qui a passé la glande de musc à la civette. (Cameroun).

• Si la chèvre, qui ne mange pas de gombo, s'associe à la biche, qui en mange, elle mangera du gombo. (malinké/Afrique de l'Ouest).

"Kélé Monson m'a dit : "le fruit vert peut tomber avant le fruit mûr ... Et si tout fruit est destiné à mûrir, que l'enfant vienne auprès du vieillard s'abreuver aux sources vives de notre passé et revaloriser tant de génie bafoué ou méconnu." (Massa Makan Diabaté (1938-1988) Janjon et autres chants populaires du Mali).

Echo venu d'ailleurs :

"Le monde sans Dieu est l'ennemi de l'homme. Il est pesant, froid, désert. On n'échappe pas au poids de ce monde sans Dieu en se réfugiant dans la drogue, dans l'abus du sexe, dans le culte de la violence, dans les sectes. Ce monde-là doit être vaincu". (Jean-Paul II, Conférence des Evêques de Tchécoslovaquie le 21/4/90) Pape depuis 1978.

DELOYAL

Mot triste qui ne doit jamais s'appliquer au bâtisseur d'avenir.

• Un grand chef n'est jamais un ami sûr. Un enfant adopté n'est jamais un fils sûr. Une femme n'est jamais une confidente sûre. (bambara/Mali).

• Pour que ton ennemi ne te calomnie pas, invite-le à table; pour qu'il ne mange pas, mets-le à l'écart. (Abyssinie/Ethiopie).

• Quand ton voisin est calomnié, écoute, en disant en toi-même: j'entends ma propre accusation. (Abyssinie/Ethiopie).

• Celui qui te pousse à acheter un cheval famélique ne t'aidera pas à le nourrir. (bambara/Mali).

• Si tu forces un vieux à mettre de la farine dans son sac, arrivé plus loin, il la balancera. (Côte d'Ivoire).

• Si tu fais plaisir à un pêcheur, il rentrera chez toi avec ses filets. (bambara/Mali).

(Il ne faut pas abuser de la gentillesse d'autrui)

• Un ennemi ne fait pas revenir la fortune sur ses pas mais il la retarde. (malinké/Afrique de l'Ouest).

• Si ton ennemi a le sourire, c'est que tes affaires tournent mal. (malinké/Afrique de l'Ouest).

• Tu n'as pire ennemi que celui qui t'ordonne de fouiller le trou d'un serpent. (peul/Afrique de l'Ouest).

• Là où la poule s'est grattée longtemps, elle laisse une plume. (Rwanda).

(Au cours d'une visite, la discrétion est recommandée)

• Le champ du fourbe est grand, mais il n'y pousse guère de mil. (bambara/Mali).

"*Les vieux ne sont pas vos ennemis. Eux sont sincères. L'ennemi se trouve plutôt du côté de ces soi-disant évolués, qui profitent de leurs situations avantagées pour gruger leurs propres frères.*" *(Seydou Badian, Sous l'orage).*

... "Mon mari crut qu'il était un rocher,
Et moi simple pierre-pilon.
Le rocher est aujourd'hui brisé
mais la pierre-pilon roule encore.
Dieu le tient maintenant ! Que va-t-il faire ?
C'est toi, c'est bien toi qui es là !

O jeunes gens qui allez creuser la tombe,
Creusez-la bien profonde de trois mètres,
Et si possible de quatre !
Dieu le tient maintenant ! Que va-t-il faire ?
C'est toi, c'est bien toi qui es là !"
(d'après P. Mviena, Univers culturel et religieux du peuple beti (Cameroun), in Littérature africaine, Tome 1 de J. Falq, M. Kane).

DEMOCRATIE

La démocratie est indispensable à tout peuple qui doit perpétuer son patrimoine culturel, artistique, et social, en s'appuyant sur la liberté de la presse.

• Quand on commence par le dialogue, on aboutit à une solution. (bambara/Mali).

• Pour arranger une palabre, on n'apporte pas un couteau qui tranche mais une aiguille qui coud. (Zaïre).

• On ne défend pas toutes les causes justes avec un arc trop tendu. (malinké/Afrique de l'Ouest).

• Le droit est comme le feu : quand on cherche à l'étouffer, il brûle. (Madagascar).

• Si un rasoir a dénudé tout le crâne, il ne pourra pas marquer les huppes. (Burundi).
(L'agressivité ne conduit pas à la diplomatie)

"Si nous sommes ce que nous sommes, c'est parce que nous avons eu un guide (Chaka) qui a su nous organiser, qui a su nous conduire, qui a su nous donner au peuple tout entier cette confiance sans laquelle il n'est pas de victoires (...) Les perles ne m'intéressent pas, mais la fierté que je porte aujourd'hui m'appartient. Nul ne peut me la prendre ! (Seydou Badian, La Mort de Chaka).

"La télévision avait rétréci le monde en devenant dans le même temps une arme efficace pour extirper l'ignorance et promouvoir la démocratie". (Nelson Mandela, Un long chemin vers la liberté).

"La réussite d'une nation passe irrémédiablement par la famille". (Mariama Bâ, Une si longue lettre).

DESHERITES

Ce sont les exclus de la table d'hôte. Sans la nourriture du corps, il n'y a point de vie pour l'esprit.

De sécheresse en famine, par millions, ils attendent aux portes des villes.

Ils n'ont ni droits, ni lois. Leur univers est une maison aux fenêtres de misère et au toit ouvert aux quatre vents.

La faim, la soif, la maladie, la faim, la soif, la prison, la faim, la soif, l'oubli, la faim, la soif, l'indifférence des nantis.

• Si tu veux me connaître, viens me voir avec tes pieds. (malinké/Afrique de l'Ouest).

• Un enfant pauvre se couche toujours comme quelqu'un qui va partir. (Burundi).

• Plutôt que d'aller chez le propriétaire de la chèvre, pars chez celui qui la donne. (malinké/Afrique de l'Ouest).

• L'aumône n'empêche pas la mort, mais elle éloigne l'humiliation. (malinké/Afrique de l'Ouest).

• Si on vous promet un cadeau, n'allez pas le chercher avec un grand panier. (Côte d'Ivoire).

• Si tu tiens compte de la saleté qui se trouve sur les pattes de la poule, tu ne peux plus manger la chair de la poule. (Rwanda).
(L'indulgence est conseillée)

• C'est la misère qui conduit à fumer des tripes. (peul/Afrique de l'Ouest).

• Tant pis si on n'a rien, comme la queue a manqué au crapaud et comme les cils ont manqué au mille-pattes. (malinké/Afrique de l'Ouest).

• L'écureuil du bord de la route se satisfait des restes de la nourriture des passants. (Cameroun).

• Le haillon du mendiant est moins voyant que la tunique du roi. (Mauritanie).

• Mendier n'enrichit pas. (peul/Afrique de l'Ouest).

"L'Afrique souffre surtout de malnutrition, des techniques de transformation qui altèrent la valeur nutritionnelle des aliments et des habitudes alimentaires défectueuses y contribuent." (I.G. Dictionnaire des Civilisations africaines).

"La faim était présente à ma naissance, penchée telle une sorcière, sans dent et sans estomac, au-dessus de ma mère qui accouchait ..." (Antoine Bangui, Les Ombres de Köh), Ecrivain tchadien né en 1933.

"S'asseoir à l'ombre de la mosquée de Kouta,
C'est assurer au moins un repas par jour;
Louange à Dieu, le Très-Haut."
(Massa Makan Diabaté, Le boucher de Kouta)

DESHONNEUR

Une honte bue jusqu'à la lie.

• Le déshonneur est semblable à une cruche dont le fond se détache et qui n'est, ainsi, propre a aucun usage. (Madagascar).

• La famille paternelle est un vêtement d'épines : si tu la mets, elle te pique; si tu l'ôtes, tu as honte. (peul/Afrique de l'Ouest).

• Ce qui fait honte est plus grave que ce qui entraîne une condamnation à payer. (Nigéria).

• Même si la main cache ce qu'elle a pris, là où elle a puisé il manque quelque chose. (Ethiopie).

• On n'arbore pas un panache de plumes de perroquet sans exploit guerrier. (Cameroun).

• Si tu enlèves le couvercle d'un pot de bière, il t'enlèvera ton cache-sexe. (Burundi).
(L'ivrogne perd toute pudeur)

• Les morceaux de bois pourris du mauvais puits finissent toujours par retomber dans le puits. (malinké/Afrique de l'Ouest).

• Si le fait de baisser la tête signifiait la honte, le chat ne ferait jamais rien de mal. (malinké/Afrique de l'Ouest).

• Si malgré l'amoncellement des gros nuages, la pluie n'est pas tombée, la terre ne doit pas avoir honte. (Côte d'Ivoire).

• Il n'est rien d'un plus beau vert que le bousier, mais comme il se réjouit d'une nourriture immonde, il est voué au deshonneur. (Madagascar).
(Coléoptère qui pond ses oeufs dans une bouse ou un crottin)

"Plutôt la mort que la honte !" (Devise de Soundjata Keïta, fondateur de l'Empire du Mali, XIIIème siècle).

"Le sage reconnait sa place
Et sait s'y maintenir.
Le présomptueux se voit partout
Et toujours plus haut.
Malheur à lui,
Il court à la honte".
(Seydou Badian, Le Sang des masques)

DESINTERESSEMENT

Le désintéressement n'a pas besoin de grand discours. Les actes parlent pour lui.

• La bonne sauce attire la chaise. (Côte d'Ivoire).
(Une personne agréable invite au dialogue)

• Quand on est seul pour faire le bien, c'est Dieu qui vous juge; quand on est plusieurs, ce sont les hommes. (Madagascar).

• Ne cessez pas d'aimer les hommes : l'humanité, c'est la richesse même. (Madagascar).

"Il se peut que je sois sacrifié pour mes convictions, mais si cela arrive, vous pourrez dire : Il est mort pour libérer les hommes". (Martin Luther King (1929-1968 -assassiné).

"Mon désir ! un long poème écrit
dans le sang ancien de mon Afrique
le balancement sera de rythme
le souffle, généreux
le cadre, limpide :
Ce sera éclatant comme la crête du sang.

Mon désir ! un rêve
Un vent fraternel violemment
sur toute la terre".
(Lamine Diakhaté) Ecrivain sénégalais né en 1928

DESTIN

Personne ne le connaît. Est-il écrit dans les étoiles ou caché dans la main de Dieu ? Mais l'homme qui s'impose le plus d'exigence peut infléchir le cours de la rivière.

• La destinée est inscrite dès que l'enfant est dans le ventre de sa mère. (malinké/Afrique de l'Ouest).

• Nul homme n'a le destin d'un autre dans sa gibecière, mais chacun a besoin d'un coup de pouce pour réaliser le sien. (Guinée).

• On peut raser la tête d'une personne mais on ne peut raser sa destinée. (bambara/Mali).

• Il est facile de faire lever une personne mais il est impossible de lui enlever son destin. (bambara/Mali).

• Laisse le destin suivre son cours et passe la nuit, l'esprit libre; tandis que ton oeil est fermé par le sommeil et sans que tu y songes, Dieu change entièrement ton sort. (Afrique du Nord).

• Avant d'éteindre l'étoile d'un homme juste, le destin fait déjà paraître à l'horizon l'étoile d'un nouveau juste. (Afrique du Nord).

• Le destin est un caméléon à la cime d'un arbre : il suffit d'un enfant qui siffle pour qu'il change de couleur. (Madagascar).

• Le destin souffle sans soufflet de forge. (malinké/ Afrique de l'Ouest).

• Le destin a une main divisée en cinq doigts; il soumet infailliblement un homme à ses volontés; il lui pose deux doigts sur les yeux, lui en met deux dans les oreilles et, lui posant le cinquième sur les lèvres, il lui dit : "tais-toi". (malinké/Afrique de l'Ouest).

"D'une poussière de peuplades anarchiques, insouciantes, tu as fait un grand peuple conscient de sa grandeur et prêt à tous les sacrifices pour le maintenir. Un peuple nouveau est né, de ta foi et de ton génie. L'oeuvre est accomplie et ton destin aussi." (Seydou Badian, La Mort de Chaka).

"Ma mère m'a dit "Va par le Monde, va !
Dans la vie ils seront sur tes pas".

Depuis je vais
Je vais par les sentiers
Par les sentiers et sur les routes,
Par-delà la mer et par-delà l'au-delà;
Et lorsque j'approche les méchants,
Les Hommes au coeur noir,
Lorsque j'approche les envieux,
Les Hommes au coeur noir
Devant moi s'avancent les soufflets des Aïeux".
(Birago Diop, Leurres et lueurs)

DESTRUCTION

Souvent, c'est l'ennemi du bien. Parfois, c'est un mal nécessaire lorsque sur ses cendres, pousse un nouvel arbre plein de vie et de promesses.

• C'est une chose parfois banale qui détruit le royaume. (peul/Afrique de l'Ouest).

• Le malheur des uns, c'est de n'avoir pas dit ce qu'ils ont vu; le malheur des autres, c'est de n'avoir pas cru ce qu'ils ont entendu. (Madagascar).

• Personne ne monte sur une termitière pour dire du mal de la terre. (malinké/Afrique de l'Ouest).
(On ne détruit pas sa propre famille)

• Le passé est un cancer, il détruit la mémoire, il détruit le présent jusqu'à ce que l'on devienne invincible. (malinké/Afrique de l'Ouest).

• Lorsque que ce sont les corbeaux qui guident les peuples, ils les mènent aux charognes des chiens. (Afrique du Nord).

• La foudre a claqué dans la cour, elle n'a pas tué le palmier qui rapporte peu, mais celui qui donnait beaucoup. (Cameroun).

"J'entends dans la cale monter les malédictions enchaînées, les hoquettements des mourants, le bruit d'un qu'on jette à la mer ... les abois d'une femme en gésine ... des raclements d'ongles cherchant des gorges ... des ricanements de fouet ... des farfouillis de vermine parmi les lassitudes ..." (Aimé Césaire, Cahier d'un retour au pays natal).

"Le vieux peul dit à son fils alcoolique "Regarde la bouteille, si elle vient de France, elle est sans pantalon ni chemise, elle est nue car elle n'a que sa coiffe, le bouchon. Tout homme qui se donne à l'alcool finit toujours par être nu comme cette bouteille, il ne lui reste que la coiffe !" (Sorry Bamba, De La Tradition à la World music).

DETENTION

Provisoire ou a perpétuité, la détention, c'est la liberté ensevelie sous une chape de plomb.

La détention est un arrachement, une brisure qui rompt les os et obscurcit l'esprit. Si le corps n'est pas trop atteint, le silence des pierres conduit à la méditation et au dialogue avec Dieu.

• Ne dites jamais :"Ecrasez-le, puisqu'il est vaincu" ni "Etranglez-le, puisque vous le tenez". (Madagascar).

• Les marques de fouet disparaissent, la trace des injures, jamais. (malinké/Afrique de l'Ouest).

• Le geôlier est un autre prisonnier. (Cameroun).

• Qui a défait les chaînes, ne craint pas les cordes. (Tanzanie).

• Les éperons conviennent au cheval mais ne conviennent pas à l'homme. (Mauritanie).

• Le poisson pris dans la nasse commence à réfléchir. (peul/Afrique de l'Ouest).

"On n'embrasse jamais trop ses enfants, on n'est jamais sûr de les revoir". (Diallo Telli (1925-1977 - mort en détention) Secrétaire Général de l'O.U.A. de 1963 à 1977).

"Camp Boiro, c'est plus que l'enfer, c'est la fin du monde". (Mokhtar Baldé in Jeune Afrique Plus, Sékou Touré La Guinée).

"La prison ne nous vole pas seulement votre liberté, elle essaie aussi de vous déposséder de votre identité. (...) La prison est destinée à briser l'esprit et à détruire toute volonté. (...) L'évasion sert un double objectif : elle permet à un combattant de la liberté de sortir de prison pour reprendre le combat mais elle donne aussi un extraordinaire élan psychologique à la lutte et une grande publicité contre l'ennemi." (Nelson Mandela, Un long chemin vers la liberté).

Chant de prison
Des punaises, des puces et des insectes
Le hurlement des suspects détraqués
Fendent la nuit noire
Brisant violemment mon cauchemar
Et maintenant bien réveillé
Je me rappelle cet endroit abject
Partagé avec d'étranges occupants.
(Ken Saro-Wiwa, Si je suis encore en vie -pendu au Nigéria le 10 novembre 1995 avec 9 militants)

DETRESSE

Un coeur qui tombe dans une abîme sans fond.

• Pleurer beaucoup ne veut pas dire trouver la paix. (malinké/Afrique de l'Ouest).

• Les larmes ne retiennent pas la vie. (Madagascar).

• Le cri de détresse ne vient pas à bout du tambour du pouvoir. (Burundi).

• Un homme ne peut avoir deux soucis : l'un de mourir et l'autre de dépérir. (bambara/Mali).
(Sans espoir, il n'y aucun choix)

• Trois choses sans remède : la vieillesse, la mort, la sottise. (wolof/Sénégal).

"(Le Sahel) Un champ de fossiles. Tous les arbres revêtaient la couleur d'os blanchis, tout était sans vie (...) Et les corps faméliques des survivants s'apprêtaient à prendre place dans ce cimetière de préhistoire (...) Guerre de longue durée, guerre d'usure, les rapaces n'attaquaient jamais les vivants debout". (Mandé-Alpha Diarra, Sahel ! Sanglante sécheresse), Ecrivain malien né en 1954.

"Qui ignore qu'en Afrique, les Africains vivent aujourd'hui des drames liés à des traumatismes existentiels modernes ? Qui ignore que l'Afrique porte aussi les tares des sociétés industrielles modernes : chômage, exode rural, drogue ... pauvreté alarmante du monde rural, des vieux ? (Condition féminine, in Almanach africain, A.C.T.T.).

DEUIL

On porte le deuil comme on porte un vêtement triste. On pleure l'absence, et on se réfugie dans le souvenir du disparu.

La famille est là. Les amis, les familles alliées serrent la main des condoléances.

Autour du cercueil, ils marchent jusqu'au cimetière, jusqu'à la dernière motte de terre que l'on jette dans la tombe, en guise d'adieu, puisque ce qui vient de la terre doit retourner à la terre ...

Cérémonie du huitième jour après le décès, cérémonie du quarantiè-

me jour, dit du "lever de deuil", cérémonie des souvenirs année après année ...

Le temps n'efface pas le souvenir de l'ancêtre qui maintenant a pris place dans l'Au-delà, au milieu des autres de la lignée et qui veille toujours sur les siens.

• Nous venons dans les bras des gens et nous partons dans les bras des gens. (bambara/Mali).

• Ton frère se reconnaît au moment du deuil et non au moment de la cueillette des arachides. (sérer/Sénégal).

• Si ton père meurt, c'est le giron de ta mère qui te servira d'oreiller, mais si c'est ta mère qui meurt, tu n'auras plus qu'à te coucher sur le seuil de la porte. (Mauritanie).

• Mourir sans ami c'est mourir sans témoin. (malinké/ Afrique de l'Ouest).

• La mort peut manger une personne mais elle ne peut manger son nom. (bambara/Mali).

"Selon la réputation du défunt, les condoléances et les visites des villages voisins et lointains peuvent se poursuivre pendant huit jours. Durant cette période, un deuil est observé dans le village où on s'abstient de battre le tam-tam, de danser et de chanter (...) La mort est l'occasion pour le clan de compter ses amis, ses alliés et aussi ses adversaires". (Mamadou Dramé, Cérémonies et rites chez les Soninké, in Peuples du Sénégal).

"Les morts ne sont partis nulle part ... ils sont là, ils nous tournent tout juste le dos (...) L'évocation des ancêtres fait entrer le défunt dans une grande ère de relations et associe les membres de la famille vivants à cette force spirituelle, cosmique, qui n'est rien d'autre que l'expression de l'harmonie et de la solidarité humaine dans la vie et la mort " (Femmes africaines du Troisième âge, in Almanach africain 1984, A.C.T.T.).

"Elle a perdu le goût du sel et l'ardeur du piment. Alors le septième jour, elle s'est éteinte, les yeux mi-clos, les bras tendus comme une offrande. Elle souriait à l'homme de sa vie, qu'elle va bientôt rejoindre. C'est ainsi qu'elle s'est éteinte dans un rêve d'adieu." (Barnabé Laye, Mangalor).

DICTATURE

L'excès du pouvoir rend fou. Et c'est le dictateur assoiffé de puissance, habillé de vanité. Il a tourné le dos à la sagesse. Il a le visage du bourreau. Dans sa main le fouet de l'injustice et de la cruauté. Il porte des noms reconnaissables entre tous : ici Général-Président, ailleurs Duce ou Conducator, ailleurs encore grand Timonier ou Combattant Suprême... il y en a même qui se font appeler "le père du peuple"...

• Quand bien même tu éleverais ton palais jusqu'au ciel, tu n'en seras pas moins enseveli un jour sous terre. (Afrique).

• La main qui caresse est souvent la main qui tue; la bouche qui encense est souvent celle qui censure. (Madagascar).

• Quand tu appelles un chien, n'aie pas le bâton à la main.(malinké/Afrique de l'Ouest).

• Celui qui place un crapaud en tête d'un groupe ne doit pas se plaindre ensuite de sa manière de sauter. (foulfoudé/Nigéria).

• Il est moins dangereux pour un berger de garder des moutons maigres que pour un roi d'avoir des sujets faméliques. (Madagascar).

• Oiseau affamé fait son nid auprès d'un faucon. (Burundi).

• Le léopard inspire toujours la peur en forêt, même quand il a perdu ses dents. (Zaïre).

"Le tigre ne proclame pas sa tigritude, mais il tue sa proie et la mange" (Conférence de Kampala en 1962) "A celui qui a la tête, il manque la casquette, et à celui qui a la casquette, il manque la tête." (Wole Soyinka, La Route), Dramaturge et écrivain nigérian né en 1934, Prix Nobel de Littérature en 1986.

"Ce n'est pas haïr que d'aimer son peuple.
Je dis qu'il n'est pas de paix armée, de paix sous l'oppression.
De fraternité sans égalité. J'ai voulu tous les hommes frères.
(Chaka, in Ethiopiques, L. Sédar Senghor).

"Je connais moi aussi
Le froid dans les os et la faim au ventre,
Les réveils en sursaut au cliquetis des mousquetons
Mais toujours une étoile a cligné des yeux
Les soirs d'incendie, dans les heures saoules de poudre.

Hommes de tous les continents
Portant le ciel a bout de bras,
Vous qui aimez entendre rire la femme,
Vous qui aimez regarder jouer l'enfant
Vous qui aimez donner la main
Pour former la chaîne

Les balles étêtent encore les roses
Dans les matins de rêve."
(Bernard Dadié, Hommes de tous les Continents)

DIRIGEANT

Le bon dirigeant est comme un joyau précieux. Tant de qualités lui sont nécessaires car :

- *Il est le berger qui marche au devant du troupeau.*

- *Il est l'interprète des aspirations du peuple.*

- *Il est le maître-d'oeuvre qui coordonne le travail après la tempête.*

• *Il est le combattant infatigable qui montre le chemin vers le progrès.*

Le bon dirigeant mobilise les énergies pour l'oeuvre commune à bâtir : telle est sa devise.

• Un roi n'est ni un parent ni un ami. (wolof/Sénégal).

• Un roi sans justice est une rivière sans eau. (malinké/Afrique de l'Ouest).

• Le roi s'assied sur son siège pendant qu'un autre se fait tailler le sien. (Rwanda).

• Le souverain est comme le feu : si on s'en éloigne, on a froid; si on s'en approche, on se brûle. (Madagascar).

• Le chef débute quelque chose, son second parachève. (bambara/Mali).

• Un bon chef commence par faire ses preuves dans son foyer. (Kenya).

• L'autorité échappe comme la queue d'un rat qui reste dans les mains. (bantou/Angola).

• Dans la tanière du lion aveugle, il y a toujours un os à ronger. (mossi/Burkina Faso).
(Le dirigeant garde son autorité même si son pouvoir s'éloigne)

• Quand un lion devient incapable, les ânes acceptent des réunions avec lui. (malinké/Afrique de l'Ouest).

• Le Caméléon dit : "j'envoie ma langue tâter le terrain, avec au moins la ressource de la ramener si je ne peux ramener la proie". (malinké/Afrique de l'Ouest).
(Un dirigeant doit réfléchir avant de promettre au peuple)

"Spectateur mon frère, je te parlerai du pouvoir, de ce monstre capable de dévorer les entrailles de l'homme et de n'en laisser que la carcasse. De mon temps nous disions le trône, la couronne, le sceptre; toi et tes semblables parlez d'assemblées, d'élections, de combat; mais êtes-vous différents de nous ? Le pouvoir est toujours là (...); il continue de ronger l'homme." (Djibril Tamsir Niane, Théâtre, Sikasso ou la dernière citadelle suivi de Chaka).

"Le chef est vérité. La grande parole jaillie du souffle commun, nourrie de toutes les lumières. Il incarne la permanente primauté du village. Le chef est la somme des parcelles d'éternité laissées en chacun le premier matin. Il est convergence des volontés supérieures, faisceau des désirs nobles. Mais que la peur l'installe, chacun aussitôt enterre sa vérité, le chef devient la somme de tous les vices, l'ennemi de la grande parole." (Seydou Badian, Le Sang des masques).

"Comme un jardinier, un dirigeant politique est responsable de ce qu'il cultive; il doit faire attention à son travail, il doit essayer de repousser les mauvaises herbes, garder ce qu'il doit l'être et éliminer ce qui ne peut réussir". (Nelson Mandela, Un long chemin vers la liberté).

E

COMME EAUX

Eaux primordiales
Eaux d'avant toute chose
Etes-vous eaux du commencement
Eaux mères de toute vie ?

Eaux démentielles
Eaux guillotines inexorables
Etes vous feux et glaives
Eaux tueuses des destinées ?

Eaux malléables
Eaux sensibles
Eaux sensuelles
Eaux mouvantes

Parlez-nous des Atlantides oubliées
Eaux mouillantes
Eaux liantes
Vous êtes des Eaux

Monumentale sculpture vivante.

E A U

L'eau est la mère de toutes choses. Sans elle, la vie n'existe pas. On peut résister longtemps à la faim. On meurt plus vite de soif.

• Boire de l'eau dans la main de son amie n'est pas soif, mais caprice d'amour. (Madagascar).

• S'écouler est le fait de l'eau de source. (peul/Afrique de l'Ouest).

• L'eau c'est l'âme, le lait nous fait vivre. (touareg/Mali, Niger).

• Chaque filet d'eau à son chemin. (bambara/Mali).

• Au puits, au fleuve ou au marigot, une jarre prends toujours la même quantité d'eau. (Bénin).

• Si l'eau de ta gourde est aigre, c'est que tu as mis du lait caillé. (peul/Afrique de l'Ouest).

• Une cruche d'eau pure ne résiste pas à une cuillerée d'eau sale. (Madagascar).

• A quoi bon conserver l'eau qui ne désaltère pas ! (Sénégal).

• L'eau lave le visage, elle ne lave pas la malchance. (Cameroun).

• La pluie ne mouille pas deux fois le sel d'un four. (Centrafrique).

• L'eau ne s'en va pas en laissant le poisson. (malinké/Afrique de l'Ouest).

• L'eau ne cuira jamais le poisson qu'elle a vu naître et qu'elle a élevé. (malinké/Afrique de l'Ouest).

• La grenouille aime l'eau, mais pas l'eau bouillante. (wolof/Sénégal).

• C'est Dieu qui donne l'eau aux termites pour édifier la termitière. (bambara/Mali).

• L'eau qui fertilise la graine de piment est la même qui en fait sortir la feuille. (Togo).

"Dieu, Dieu, Dieu !
Nous avons reçu, nous avons reçu
De la pluie, de l'eau, de la pluie, de l'eau.
Nous pouvons boire, boire de l'eau, recevoir de la pluie.
Dieu, Dieu, Dieu !
De l'eau nous pouvons boire".
(Remerciements des Bochimans/Afrique du Sud)

L'EAU ET LE PALMIER

L'Eau :
S'il n'y avait pas d'eau,
Il n'y aurait plus de vie,
Ni de beurre dans la baratte,
Ni de chaudron sur le feu,
Ni végétation dans les champs ou la brousse,
Ni villes, ni campements,
Ni parents, ni enfants par conséquent.

Le Palmier :
Pour le toit de palme et pour l'éventail,
Pour le beau travail de nos vanniers,
Pour tout cela, gloire aux palmiers !
Aux pêcheurs même ils donnent des paniers,
Pour tout cela, gloire aux palmiers !

L'Eau :
Faites décamper tous ces palmiers :

Qu'ils laissent place à l'eau qui monte.
Inonde les champs, Source de toute vie !
Abreuve les boeufs et les moutons,
Inonde les champs, Source de toute vie !

Le Palmier :
Quand le crocodile viendra,
C'est bien toi qui décamperas !
(Poéme peul, in Le Niger, Autour d'un Fleuve, Diana Finley)

ECHEC

Le sage oublie sa déception pour s'enrichir de l'expérience acquise dans la douleur. Demain, la lutte continue.

• L'assurance du succès peut conduire à l'échec. (bantou/Angola).

• Un coeur fier peut survivre à un échec général, parce qu'un tel échec ne blesse pas son orgueil. (sérer/Sénégal).

• Celui qui ne sait pas ce qu'il cherche, ne sait pas ce qu'il trouvera. (malinké/Afrique de l'Ouest).

• On ne peut pas conduire deux pirogues avec une seule pagaie. (bambara/Mali).

• On n'attend pas le jour du marché pour engraisser sa poule. (bamiliké/Cameroun).

• La puce, frappée par la foudre dans la poussière dit : je suis victime d'un complot. (mossi/Burkina Faso).
(En cas d'échec, on pense à une trahison)

"L'Afrique qui refusera d'entrer dans le monde moderne sera ... vouée à l'échec, et les Africains se seront agités pour rien". (Olympe Bhêly-Quenum, in La Revue africaine N°53).

"Chaque fois qu'un empire perd une colonie, il se rétrécit, son économie régresse et ses enfants doivent réapprendre un nouvel art de vivre". (Jean Metellus, Louis Vortex), Ecrivain haïtien.

ECOLE

C'est la grande famille où se fait l'apprentissage de la vie.
C'est une maison ouverte sur le monde où les enfants riches ou pauvres mettent en commun leurs sens de l'émerveillement.

• Tous les jours les oreilles vont à l'école. (bambara/Mali).

• Chaque jour l'oreille entend ce qu'elle n'avait pas encore entendu. (malinké/Afrique de l'Ouest).

• L'éducation de l'honnête homme commence à l'âge où il n'a qu'un petit chiffon pour pagne. (malinké/Afrique de l'Ouest).

• L'ignorance est plus obscure que la nuit. (peul/Mali).

• Si le canari n'a pas été rempli par les pluies d'hivernage, ce n'est pas la rosée de la saison sèche qui le remplira. (Côte d'Ivoire).
(Une personne non studieuse ne peut devenir savante)

• L'épine est née avec sa pointe mais il faut qu'elle durcisse. (Toucouleur/Sénégal).
(L'éducation est indispensable à l'enfant)

"L'éducation traditionnelle africaine visait à l'intégration harmonieuse de l'individu dans le groupe social, conformément au statut que lui assignaient son sexe, son rang de naissance, la fonction de la famille." (Dictionnaire des Civilisations africaines).

"Africains non instruits, unissez-vous !
Vous n'avez à perdre
Que vos chaînes :
Vous avez l'Afrique à gagner".
(Ocol p'Bitek, Africa's cultural Revolution)

"Dans les écoles primaires, les Noirs se traînent un à trois ans derrière les élèves blancs, et leurs écoles séparées reçoivent beaucoup moins de subsides par étudiant que les écoles blanches...". (Martin Luther King (1929-1968), in Chaos and Community).

ECRIT

Un écrit vaut mieux qu'un long discours. La parole meurt mais l'écrit reste pour les générations à venir.

• L'écrit est le lieu où se garde la mémoire. (bambara/Mali).

"... L'écriture est la photographie du savoir mais elle n'est pas le savoir lui-même. Le savoir est une lumière qui est en l'homme. Il est l'héritage de tout ce que les ancêtres ont pu connaître et qu'ils nous ont transmis en germe, tout comme le baobab est contenu en puissance dans sa graine". (A. Hampâté Bâ, Vie et enseignement de Tierno Bokar, Le Sage de Bandiagara).

"Intégré à son peuple, le poète a pour devoirs d'exprimer les déceptions et les espoirs, de montrer les valeurs éternelles que les ténèbres momentanément peuvent voiler." (Bernard Dadié,(Le fond importe plus).

Echo venu d'ailleurs :

"La poésie noire de langue française est, de nos jours, la seule grande poésie révolutionnaire." (Jean-Paul Sartre (1905-1980), Orphée noir) Philosophe et écrivain français.

ECRIVAIN

L'écrivain est celui qui réveille les consciences assoupies. Il ne nous laisse pas indifférent, que son cri soit de joie ou de colère.

• Poème : paroles plaisantes au coeur et à l'oreille. ((peul/Afrique de l'Ouest).

"Nous (les écrivains) sommes des propagateurs d'âmes, des multiplicateurs d'âmes, et à la limite des inventeurs d'âmes." (Aimé Césaire, in revue Présence africaine, 1959).

"J'ai écrit ce roman (Une eau-forte) pour mettre fin à l'idée que l'écrivain Haïtien ne peut fournir que boudin créole, femme-jardin ou banane pesée". (Jean Métellus, in Jeune Afrique) Ecrivain haïtien.

"Notre silence fut long et profond. On a toujours parlé à notre place (...) Aujourd'hui, il s'agit de reprendre possession de notre histoire et de la raconter".(Toni Morrisson) Femme écrivain noire américaine née en 1931, Prix Nobel de Littérature en 1993.

EGOISME

Le coeur engourdi par le froid de l'individualisme se recroqueville au coin des pensées vaines.

• On peut plier son genou mais on ne peut plier son coeur. (bambara/Mali).

• Qui a beaucoup reçu en a les oreilles bouchées. (Burundi).

• Les ventres envieux mangent leurs mets en paix : quand nous mangeons les nôtres, ils gémissent. (Ghana).

• Il est bien sourd celui qui ne devine pas ce que le coeur demande avant que la bouche n'ait demandé. (Mauritanie).

• Si celui qui a fait ses condoléances reçoit un coup, c'est qu'il a voulu prendre une part de la succession. (bambara/Mali).

• Si une aiguille est tombée dans un puits profond, ceux qui regardent dans le puits sont plus nombreux que ceux qui y descendent. (malinké/Afrique de l'Ouest).

• Etre riche et se priver, ce n'est pas être riche, c'est se faire gardien de bagages. (Madagascar).

• Celui qui ramasse des oeufs ne se préoccupe pas si la poule souffre. (malinké/Afrique de l'Ouest).

• On a invité l'âne à la noce : il devait y avoir de l'eau ou du bois à charrier ! (Afrique du Nord).

"*Pour les Africains, la personne n'est pas isolée, coupée du reste; par un réseau de canaux, elle est reliée au passé et au futur; et par un autre, aux êtres vivants du présent dont elle attend un accroissement de vitalité.*" *(J.M. Dictionnaire des Civilisations africaines).*

"*L'individualisme vers lequel nous tendons aujourd'hui défait peu à peu tous les noeuds traditionnels qui unissaient l'homme à l'homme et qui, en dépit de certains excès, permettaient à la société africaine de survivre.*" *(Amadou Hampâté Bâ, in Le Monde, 25 octobre 1981).*

ELEPHANT

La bêtise de l'homme, si on n'y prend pas garde, risque de faire disparaître l'éléphant de nos savanes. Devons-nous un jour, montrer aux enfants, des photos de cet animal, comme on montre un dinosaure ?

• Même un éléphant n'a besoin que d'un jour pour mourir. (Angola).

• Même si l'éléphant est maigre, il reste le roi de la forêt. (Cameroun).

• Même si l'éléphant est maigre, il n'osera jamais traverser un pont de lianes. (malinké/Afrique de l'Ouest).

• L'éléphant abat des arbres mais ne se chauffe pas. (Cameroun).

• L'éléphant n'est pas fatigué de porter sa trompe. (malinké/Afrique de l'Ouest).
(L'homme riche ne se lasse jamais de sa fortune)

• La grosseur de l'éléphant dépend des calebasses qu'il consomme. (Zaïre).

• Qui ne connaît pas l'éléphant, porte des grelots. (Kenya).

• Les défenses de l'éléphant ont plus de valeur que l'éléphant lui-même. (Cameroun).
(Les enfants sont parfois plus honorés que leurs parents)

• Une peau d'éléphant est trop grande pour en faire une outre. (Zaïre).
(Un roi ne s'abaisse pas en faisant de mauvais actes)

• Quiconque se promène avec l'éléphant ne manque pas de lui soutirer ses longs poils. (Zaïre).

• Si la case de l'éléphant est prise comme bois à brûler, c'est que le Grand Unique est allé paître. (Centrafrique).

• Si tu vois un éléphant qui s'arrête dans la direction où souffle le vent, tu sauras que dans la grandeur il y a de l'importance. (malinké/Afrique de l'Ouest).

• Si tu dis à ton fils, pour le flatter : "Eléphant ! Eléphant !", le premier arbre qu'il brisera tombera sur toi. (bambara/Mali).

• Celui qui est monté sur le dos de l'éléphant ne doit pas craindre la rosée. (bambara/Mali).
(La protection des puissants met à l'abri des soucis)

• Celui qui ne peut prendre une fourmi et qui s'acharne contre l'éléphant, ne peut que se perdre. (Congo).

• Les bois que cassent les singes tombent sur le dos des éléphants. (Cameroun).

(Les parents sont responsables des actes de leurs enfants)

• Tuer l'éléphant n'est pas difficile, la difficulté, c'est de le tourner et de le dépecer. (peul/Afrique de l'Ouest).

(Ne pas imposer à autrui un présent encombrant)

• On ne lâche pas un éléphant pour aller jeter une pierre à un roitelet. (ashanti/Ghana).

"Les éléphants ont le droit de priorité", (Eléphants have priority of way), (Pancarte découverte en 1937 prés du lac Tanganika, Tanzanie).

"Quand l'éléphant monte sur la colline, c'est pour ajouter à sa propre grandeur". (Naba Kom I (XVIIIème siècle), Royaume de Ouagadougou/Burkina Faso actuel).

"Hommes forts,
très forts,
aux bustes musclés,
mais restez !
Mettez vous en ligne pour qu'on voit
que la semelle de l'éléphant n'a jamais peur des épines.
La semelle pleine de crevasses
n'a peur d'aucune épine,
traverse les épines, et les lianes
et tout çà !"
(Chant de guerre in Les Amazones,
Hélène D'Almeida-Topor)

ENCLAVEMENT

Tout enclavement est néfaste : l'enclavement des esprits, l'enclavement des frontières. Comment rêver d'horizons où l'esprit gambade à sa guise ?

• Celui qui ne connaît pas un pagne, l'appelle une peau brute. (Tchad).

• Qui n'est pas encore allé se ravitailler au loin ne connaît pas les riches pays. (Côte d'Ivoire).

• Si l'on n'a pas visité deux marchés, on ne peut savoir lequel est le meilleur. (mossi/Burkina Faso).

• Le taureau des gens de son village est le petit poisson d'un village étranger. (peul/Afrique de l'Ouest).

• Au village où il n'y a pas de boeuf, les pattes de mouton sont grosses. (baoulé/Côte d'Ivoire).

• Une poule qui ne sort pas pendant la pluie, n'a pas de bons insectes à manger. (Zaïre).

• Un oiseau qui ne bouge pas ne connaît pas les arbres fruitiers. (Burundi).

• Un oiseau qui n'a jamais quitté son tronc d'arbre ne peut savoir qu'ailleurs il y a du millet. (malinké/Afrique de l'Ouest).

• L'oiseau qui fait son nid près du chemin est déniché par le voyageur. (Rwanda).

• Un poisson de trou d'eau ne connaît pas la largeur de la rivière. (foulfoudé/Cameroun).

"La revue Présence Africaine (fondée en 1947 par Alioune Diop) encourageait les initiatives dans des domaines aussi divers que l'art,

l'architecture, la musique, la philosophie, la religion, l'économie, les sciences et les techniques." (Elikia M'Bokolo, Afrique Noire Histoire et Civilisations, Tome II).

ENCLUME

L'enclume est la première épouse du forgeron. Des oeuvres jailliront à son contact fécond.

• C'est à la forge que l'on coupe tous les fers. (Zaïre).

• C'est à l'endroit où le forgeron tape et retape qu'il rencontre des difficultés dans son action de création. (Côte d'Ivoire).

• Le futur circoncis ne peut pas se cacher devant le forgeron. (bambara/Mali).
(La circoncision rituelle est pratiquée par le forgeron)

• Il n'est pas donné à quiconque se noircit les yeux de se faire appeler forgeron. (malinké/Afrique de l'Ouest).
(Tout métier s'apprend)

"Chacun sa tâche, et qu'il s'y tienne !
Pêcheur, replonge ton filet !
Toi, Peul, garde ton troupeau !
Paysan, conserve ta houe !
Forgeron, garde ton enclume !
Forgeronne, travaille une bonne terre !
Marabout,prend tes planchettes,
tout le jour écrit tes versets !
Commerçant, va au marché et revend :
beau parleur trouve preneur.
Fils de chef, colle à ta selle,
Tiens ta lance, entre au combat,
Toi qui es habitué à l'encolure des chevaux !
Tailler les branches, tenir ton herminette,

qui peut, mieux que toi,"koulé"
façonner pilons et creuser mortiers !
Si tu rates, fais des manches !
Griot, reste sans pudeur,
puisque ainsi tu t'enrichis !
Tisserand, à ton métier !"
(Poème peul recueilli par Gilbert Vieillard, in
Islam Noir, Vincent Monteil)

ENERGIE

Force vitale poussant l'individu à plus d'ardeur, poussant un peuple vers un idéal.

• Une femme active file de la laine même avec la patte d'un âne. (Afrique du Nord).

• L'homme debout a emporté la part de l'homme assis. (Afrique).

• Le riche est dépassé par qui se lève de bonne heure. (Afrique).

• Celui qui se lève tard ne voit pas le lézard se brosser les dents. (massaï/Kenya).

• Qui est amoureux des perles plonge dans la mer. (Mauritanie).

"Je suis le roi ici. Je n'ai de compte à rendre à personne et ne redoute personne. Je ne verserai plus d'impôts".(Bambemba (XIXème siècle), résistant du Royaume de Sikasso/Mali) in Mémoire de l'Afrique, I. B.Kaké).

"Nous avons supporté l'aiguillon de l'abeille, ce que nous désirions impatiemment; nous nous conduirons avec sagesse et énergie". (Chant des jeunes circoncis du Kenya).

ENFANT

Une oasis en fleurs au milieu du désert.

Un coin de paradis dans un pays déchiré par la guerre.

Un sourire qui efface la grisaille du jour.

• Croque du maïs tant que tes dents sont bonnes, tant que tu as père et mère, profite de leur aide. (Tchad).

• Quand on porte un enfant, il ne sait pas que la route est longue. (bamiléké/Côte d'Ivoire).

• La parure du mariage est l'enfant. (peul/Afrique de l'Ouest).

• La bouchée n'enfante pas, c'est le sein qui enfante. (malinké/Afrique de l'Ouest).

• L'enfant aime la liberté, il en est la première victime. (bambara/Mali).

• L'enfant dans son propre village est fort comme un arbre. (dioula/Côte d'Ivoire).

• L'enfant d'autrui bave toujours de manière répugnante. (malinké/Afrique de l'Ouest).

• L'enfant qui a la main bien lavée pétrit le dégué (bouillie) du vieillard. (bambara/Mali).

(L'enfant respectueux des traditions est apprécié par le vieillard, dépositaire du savoir)

• Les enfants sont comme une canne aux mains d'un élégant : c'est à la fois une parure et un soutien. (Madagascar).

• Quelque soit la lame d'un couteau bien aiguisé, l'enfant ne peut fabriquer son propre manche. (bambara/Mali).

• Partout où est passé l'ancêtre, suit également le petit. (dogon/Mali).

• Quand l'enfant tombe, la mère pleure, et quand la mère tombe, l'enfant rit. (Rwanda).

• Le caractère vole, mais son fils ne rampe pas. (bambara/Mali).
(L'hérédité est tenace)

• Si on fait de son enfant un Commandant, c'est lui qui réclamera les impôts à payer. (bambara/Mali).

• On ne laisse pas le tronc d'un arbre pour monter par les branches. (Mali).
(Les reproches se font aux parents et non aux enfants)

• Crème et lait proviennent d'un même pis : mais après avoir battu le lait, on obtient le beurre. (peul/Mali).
(Les enfants héritent de l'éducation de leurs parents)

• La chenille ressemble à la feuille où elle est couchée. (malinké/Afrique de l'Ouest).
(L'enfant suit l'exemple de son père)

• Le pimentier n'est pas piquant, mais son fruit est piquant. (Antilles).
(Un enfant n'hérite pas toujours de la bonté de son père)

"La naissance d'un enfant est considérée comme la preuve palpable qu'une parcelle de l'existence anonyme s'est détachée et incarnée en vue d'accomplir une mission sur notre terre." (A. Hampâté Bâ, Aspects de la civilisation africaine).

"La vie de l'enfant, c'est comme les vingt et une cordes de la cora (instrument de musique). Sept font revivre le passé. Sept égrènent le présent. Et les sept autres appellent l'avenir". (Massa Makan Diabaté (1938-1988).

"La tornade qui annonce le grand hivernage de notre peuple est arrivée avec les étrangers, gens de Diallobé (...) Nos meilleures graines et nos champs les plus chers, ce sont nos enfants." (Cheikh Hamidou Kane, L'Aventure ambiguë).

EPREUVE

L'épreuve forge l'homme comme le feu permet de forger le fer.

• Que chacun apprenne à porter son fardeau tête nue, car dans certains lieux, il n'y a pas de chiffons. (mossi/Burkina Faso).

• A qui saute dans le feu, il reste à faire un autre saut. (wolof/Sénégal).

• Celui qui taquine un nid de guêpes doit savoir courir. (bantou/Angola).

• Le vent ne distingue pas le toit de la maison d'une veuve. (Cameroun).

• Ne louez et blâmez personne avant de l'éprouver, car les hommes sont des caisses fermées dont la clef est l'épreuve. (Afrique du Nord).

• Les plus beaux arbres poussent toujours dans des endroits escarpés. (Burundi).

"Dans la vie, tout homme a des obligations doubles -envers sa famille, ses parents, sa femme et ses enfants- et envers son peuple, sa communauté, son pays." (Nelson Mandela, Un long chemin vers la liberté").

"Ce que j'ai traversé dans la vie,
Si je pouvais le retrouver au fond de moi-même,
Je pourrais en faire un livre".
(J.W. White, ancien esclave)

ERREUR

Nous naviguons entre deux eaux
entre le doute et le soupçon
entre l'erreur et la faute
entre le risque et l'accident
entre la paille et la poutre
Funambules
nous naviguons
entre le fil et l'espace.

• L'erreur n'annule pas la valeur de l'effort accompli. (peul/Afrique de l'Ouest).

• On se moque d'un petit buisson mais la liane pour vous attacher peut en sortir. (bambara/Mali).

• Tu promets long et la mort promet court. (bamiléké/Cameroun).

• Pourquoi mesurer la tombe du géant puisqu'il va se noyer dans le fleuve ? (bambara/Mali).

• Au lieu d'accuser là où tu es tombé, il faut surtout accuser là où tu as trébuché. (bambara/Mali).

• Celui qui a pris l'habitude de danser sur une falaise finira par croire à l'existence d'un marigot au pied de cette falaise. (peul/Afrique de l'Ouest).

• Plutôt que d'allumer une lampe pour un aveugle, mets le beurre de karité dans les haricots ! (bambara/Mali).

• Décortiquer du riz au clair de lune, c'est peupler de tentations le sommeil troublé des poules. (Madagascar).

• On peut circoncire un chien mais non pas lui coudre un pantalon. (malinké/Afrique de l'Ouest).

• Si un veau aveugle entre dans le champ, au lieu de crier sur lui, tire-le par l'oreille. (mossi/Burkina Faso).

(Un conseil est bénéfique à celui qui commet une erreur)

• On ne demande pas au poisson ce qui se passe sur terre, ni au rat ce qui se passe dans l'eau. (yoruba/Nigéria).

• Le margouillat pense qu'il remue le fromager alors qu'en réalité il s'use ! (Côte d'Ivoire).

"Je n'aimais pas la mauvaise femme :
La maison vide me l'a fait aimer.
Je n'aimais pas le souper tardif :
La nuit sans manger me l'a fait regretter.
Je n'aimais pas le champ éloigné :
Le prix du grain me l'a rendu cher.

Je n'aimais pas qui me donnait peu :
Je l'ai aimé, en voyant celui qui ne donnait rien.
Je n'aimais pas le médisant :
Le brutal m'a fait aimer la mauvaise langue ..."
(Récit peul, in Islam Noir, Vincent Monteil)

ESCLAVE

Esclaves d'hier, esclaves d'aujourd'hui, quand la liberté n'illumine plus les instants de la vie. Seule reste la musique comme un chant douloureux en Gospels ou Negro spirituals, comme un chant d'espoir en Jazz qui swingue, qui swingue ...

• C'est la guerre et le noble qui ont fait le captif. (malinké/Afrique de l'Ouest).

• L'esclave dit que s'il n'avait pas été là, on ne tresserait pas de corde; mais qui donc a tressé la corde qu'il porte au cou ? (malinké/Afrique de l'Ouest).

• L'esclavage est une vieille chose, mais dire : "je ne connais pas ma race" ce n'est pas vrai. (malinké/Afrique de l'Ouest).

(Une personne n'oublie pas son origine)

"Cet achat de nègres, pour les réduire en esclavage, est un acte qui viole la religion, la morale, les lois naturelles, et tous les droits de la nature humaine". (Extrait de l'Encyclopédie, XVIIIème siècle).

"La loi, la loi humaine, peut-elle changer la nature des choses ? Peut-elle transformer l'obscurité en lumière, ou le mal en bien ? Nonobstant dix mille lois, le juste est juste, le faux est faux (...) il doit encore rester une différence essentielle entre la justice et l'injustice, la cruauté et la pitié." (John Wesley (1703-1791) théologien anglais anti-esclavagiste, in La Diaspora noire, I. Baba Kaké).

"Sacré café, sacré sucre, sacrées colonies". (Napoléon (1769-1821) Empereur des Français, in La Diaspora noire, I. Baba Kaké).

"Le fouet est une partie intégrante du régime colonial; le fouet est l'agent principal; le fouet en est l'âme; le fouet est la cloche des habitations : il annonce le moment du réveil et celui de la retraite, il marque l'heure de la tâche; le fouet marque l'heure du repos; le jour de la mort est le seul où le nègre goûte l'oubli de la vie sans le réveil du fouet".(Victor Schoelcher (1804-1893), Homme politique français anti-esclavagiste, in La Diapora noire, I. Baba Kaké).

"Que Dieu soit remercié de m'avoir fait vivre assez pour être témoin d'un jour où l'Angleterre est prête à donner 20 millions de livres sterling pour l'abolition de l'esclavage". (William Wilberforce , abolitionniste anglais - il meurt trois jours après: le 26 juillet 1833- in Les Esclaves, Suzanne Everett).

"Moi, Abraham Lincoln, Président des Etats-Unis en vertu du pouvoir qui m'est conféré (...) en ce premier jour de janvier 1863, et avec mon accord avec mon projet d'agir ainsi, publiquement proclamé, ordonne et déclare que toutes les personnes possédées comme esclaves dans les Etats et parties d'Etat ci-dessus désignés sont

libres et le seront à l'avenir." (Abraham Lincoln (1809-1865 -assassiné) Président des U.S.A - in Esclaves et négriers, Jean Meyer).

"Ne suis-je pas un homme et un frère ?" (Inscription du sceau-représentant un Africain suppléant- de la Société fondée par Thomas Clarkson pour l'abolition de la traite) - in Les Esclaves, Suzanne Everett).

"Le problème du XXe siècle est le problème de l'harmonie des couleurs, de la parenté des races humaines qui sont les plus pigmentées et des races qui sont les moins colorées, en Asie et en Afrique, en Amérique et dans les Iles." (William E.B. Du Bois (1869-1963), sociologue et homme politique américain, défenseur des Noirs aux Etats-Unis et l'un des fondateurs du panafricanisme - in La Diaspora noire, I. Baba Kaké).

"Nul ne sera tenu en esclavage ni en servitude. L'esclavage et la traite des esclaves sont sous toutes leurs formes, interdits". (Article 4. Déclaration universelle des Droits de l'Homme, 10 décembre 1948, Paris, Organisation des nations unies).

"Méfie-toi et prends garde au golfe du Bénin,
Nombreux y vont qui n'en reviennent pas".
(Rengaine de négrier)

"Le Nègre
la trompette aux lèvres
a de noires demi-lunes
sous ses yeux las
où le souvenir encore brûlant
des négriers
se rallume au claquement du fouet
dans ses jambes ..."
(Langston Hugues (1902-1967), Trumpet player : 52 d Street), Ecrivain noir américain.

ESPOIR

Tout dans l'homme est chemin éclairé par la flamme de l'espoir.

• L'espoir est le pilier du monde. (zoulou/Afrique du Sud).

• L'espoir du pauvre, c'est Dieu. (bambara/Mali).

• L'espoir vaut mieux que la satiété. (bambara/Afrique de l'Ouest).

• Quand on cherche, c'est avec l'espoir de trouver. (malinké/Afrique de l'Ouest).

• Celui qui n'a pas d'espoir n'aime pas dormir. (bambara/Mali).

• N'espérez pas voir des cocons tombés se transformer tout seuls en tissus de soie. (Madagascar).

• La pluie s'arrête et laisse le reste à la rosée. (bambara/Mali).

• Le vent a le pouvoir d'empêcher le ciel noir de donner de la pluie. (bambara/Mali).

• Le jour se lève même s'il n'y a pas de coq pour le chanter. (Burundi).

. Si une poule se coupe la patte, les autres poules continuent de gratter la terre. (Zaïre).

"Réunir en une gerbe de feu toutes les espérances qui consument les déshérités. Le flambeau ainsi constitué éclairera la voie du renouveau. Un jour, pas si lointain, notre peuple commandera à son avenir". (Ibrahim Ly, Toiles d'araignées) Ecrivain malien.

"Mon espoir est d'agir en sorte que la justice règne sur l'Afrique du sud de l'avenir". (Steve Biko (1946-1977 -mort en détention), Militant sud-africain, Fondateur du SASO (Sounth Africain Student Organization, et du Black Consciousness).

ESPRIT

L'esprit des Ancêtres renaît des cendres. Il habite toute chose. Il parcourt la brousse. Il glisse sur les eaux. Il vole dans les airs. Il parle à voix basse au creux de l'oreille.

L'esprit des Ancêtres est feu follet qui danse au mitan de la nuit.

• L'esprit ne se sème pas, cependant il se cultive. (bambara/Mali).

• Si l'esprit de l'homme danse mal, Dieu empêchera le tambour de résonner. (malinké/Afrique de l'Ouest).

• Quand un homme manque de quoi remplir une promesse faite aux Esprits, il s'offre lui-même. (fang/Gabon).

• L'esprit de l'homme ne connait pas le lieu de sa dernière demeure, sans quoi il irait la préparer à l'avance. (Afrique).

" Je vis des esprits blancs, aux prises avec des esprits noirs, puis le soleil s'obscurcit : le tonnerre gronda dans les cieux et le sang coula à flot; et alors j'entendis une voix qui disait : "Voilà ta chance, tu as été choisi pour voir". (Nat Turner, pasteur esclave noir, conspirateur de l'Insurrection en Virginie du 21 août 1831 -pendu le 11 novembre - in Esclaves et Négriers, Jean Meyer).

"Pourquoi as-tu voulu injurier les esprits qui protègent le village et les ancêtres qui sont dépositaires de la sagesse et par qui le bonheur vient aux jeunes ? Ta faute est grave, très grave mon cher neveu." (Guy Menga, La palabre stérile), Ecrivain congolais né en 1935.

"Lorsque le ventre est vide, l'esprit tourne à vide et s'ingénie à trouver de quoi remplir le ventre." (Moussa Konaté, Le Prix de l'Ame).

ETHNIE

Ethnie : cela signifie une identité que confèrent l'usage d'une langue, des coutumes et des modes de vie partagés. Cela suppose à l'origine : une terre, une croyance, une manière d'appréhender la vie et la mort, une manière aussi de s'insérer dans l'environnement.

L'environnement, ce n'est pas uniquement la flore et la faune. C'est aussi les autres, de plus en plus proches. Une histoire faite d'échanges, de brassage, de métissage, transformant peu à peu la tradition des origines. Comme si la vie n'est qu'un changement perpétuel.

Une règle demeure : la vision de l'autre, différent de soi et que l'on accepte tel qu'il est. L'étranger, qui sera reçu avec égards, à qui on servira à boire une calebasse d'eau fraîche (afin qu'il n'ait plus soif); avec qui on partagera son repas (afin qu'il n'ait plus faim).

• L'assistance qu'on doit aux parents malheureux est un impôt qui vient des ancêtres. (Madagascar).

• Si tu trouve deux frères qui se chauffent ensemble les pieds nus, retire les tiens. (Burundi).

• Occupe toi de l'étranger qui passe car tu ne sais pas pourquoi Dieu te l'envoie. (Niger).

"Le nom marque l'identité d'une personne et constitue l'élément distinctif de l'individu (...) Le nom clanique est aussi un attribut honorifique." (Kéba Tounkara, La société mandingue, in Peuples du Sénégal).

"Groupe de solidarité, le lignage protège collectivement le "frère" qui est menacé par un étranger. Si on lui fait tort, le lignage obtiendra réparation; si on l'a tué, il sera vengé; s'il a été lui-même l'agreseur, il sera cependant protégé."(J.M. Dictionnaire des Civilisations africaines).

"Les rapports sociaux entre les divisions et sous-divisions qui constituent chaque société spécifique sont régis par certaines régles strictes qui constituent l'ossature de la coutume et des traditions." (Bokar N'Diaye, Les castes au Mali).

"L'identité ethnique est actuellement, par la complexité des usages modernes, plurielle. Cette pluralité de lectures, des images des autres, des images de soi, confirme que l'identité ethnique est un produit historique, qu'elle n'est pas qu'une idéologie et qu'elle n'est pas un instrument d'identification xénophobe en temps de crise ... " (Elika M'Bokolo, Afrique Noire Histoire et Civilisations, Tome II).

"L'Afrique d'hier n'est ni passée ni à certains égards dépassée. Il y a des cas de chefs traditionnels africains qui répètent les mêmes rites qu'il y a cent ans ou cinq cents ans. Il y a des formules de sacrifice qui n'ont pas variés depuis un millénaire. A vrai dire, pour bon nombre d'Africains, il n'y a pas d'Afrique ou plutôt ce n'est que celle-là qui existe." (Joseph Ki-Zerbo, in Afrique Noire 1 L'Artisanat créateur par Jacques Anquetil).

"L'abandon de nos langues nous couperait tôt ou tard de nos traditions et modifierait tôt ou tard la structure même de nos esprits. Ce serait amputer irrémédiablement l'humanité d'une de ses richesses d'un style de vie profondément humain, fraternel et équilibré, de plus en plus rare dans l'humanité moderne. (A. Hampâté Bâ, Aspects de la civilisation africaine).

"Chacun est chez lui partout sur la TERRE africaine
Chacun est chez lui partout sous le CIEL africain (...)
Car vois-tu on se serre les coudes avec fraternité avec solidarité. Et puis vois-tu il y a l'autre en face qui vous regarde dans les yeux comme ça face à face en souriant ..." (Jean-Marie Adiaffi, D'Eclairs et de foudres).

EVOLUTION

Dans la vie tout est changement. L'évolution est inscrite au coeur de toute chose vivante, elle est la compagne de l'homme qui marche vers la lumière.

• Chacun trouve dans le mil que Dieu lui donne, l'or de sa propre sagesse. (peul/Afrique de l'Ouest).

• Quand tu as une main fermée, tu ne progresses pas. (Cameroun).

• Aisance, puissance, connaissance. (wolof/Sénégal).

• L'eau sans apport extérieur ne fermente pas. (ashanti/Ghana).

"Afrique, berceau de l'humanité (...) La Préhistoire de l'Afrique c'est l'histoire de l'hominisation d'un singe évolué, puis de l'hominisation de la nature par le moteur humain responsable de tout progrès". (Histoire Générale de l'Afrique, Unesco, Tome II).

"Les races par leurs diversités mêmes ne forment qu'un seul bouquet dont le parfum embaumera l'univers, quand chaque individu, dans la communauté, aura obtenu sa place." (Bernard Dadié, Climbié).

"Un devoir sacré frappe à chaque porte : dans l'espace planétaire qui est de plus en plus notre foyer, il nous faut nourrir l'éternel humain, l'alphabétiser, le loger, le soigner, le défendre, le bercer de tendresse et de poésie, l'éclairer jour et nuit des mille et une victoires que la modernité remporte dans la science, dans les arts." (René Depestre, Bonjour et Adieu à la Négritude) Ecrivain haïtien né en 1926.

EXIL

L'exil est partout. Exil intérieur de celui qui vit dans son propre pays comme dans une prison. Exil de l'Etranger fuyant la répression et l'injustice. L'exil est douleur. Il peut devenir force, comme une armure protégeant l'essentiel : la conscience d'un espoir pour demain.

• L'exil avec la richesse est patrie , et la patrie avec la pauvreté est exil. (Mauritanie).

• La dispersion de la famille vaut mieux que sa destruction. (malinké/Afrique de l'Ouest).

• Quand on a chaud dans sa case, on peut faire une ouverture au mur, mais quand on a chaud dans la case du voisin, on n'a plus qu'à aller dormir sous un arbre. (bambara/Mali).

• Quand tu pars en voyage, si tu n'as pas de sandales, ne suis pas celui qui en porte mais suis plutôt celui qui possède une pince à écharde. (peul/Mali).

• Vagabonder sans répit, c'est ressembler au faux argent dont personne ne veut et dont on se débarrasse sur le voisin. (Madagascar).

• Qui ignore l'habitant de l'Europe fait effort pour marcher avec lui. (malinké/Afrique de l'Ouest).

• Si tu trouves des chauve-souris accrochées aux branches, accroche-toi aussi. (Ouganda).

• Si tu remarques que les riverains nagent, dés ton arrivée tu te mets à nager. S'ils portent leurs charges sur leurs épaules, tu poseras la tienne sur la tête. (Burundi).

• La tortue a goûté un champignon, elle dit qu'elle ne mangera plus de terre ! (malinké/Afrique de l'Ouest).
(A son retour d'exil, on ne doit pas se montrer méprisant)

• Le singe tousse mais ne crache pas. (malinké/Afrique de l'Ouest).

(Une personne est trahie par son accent)

• Quand la pintade se voit au milieu des poules, elle veut les chasser, or elle avait trouvé les poules au village. (malinké/Afrique de l'Ouest).

(Tout étranger doit respecter les coutumes d'autrui)

• Ce n'est pas là où l'oiseau sort de l'oeuf qu'il prend son plumage multicolore. (malinké/Afrique de l'Ouest).

(On peut réussir en dehors de son pays)

• Celui qui va chez le mulot doit accepter de manger des graines de palme. (malinké/Afrique de l'Ouest).

• Un léopard rentre ses griffes en territoire étranger. (Cameroun).

• Le rat du marigot qui est né pendant l'hivernage ne connaît rien à l'affaire de l'herbe brûlée. (malinké/Afrique de l'Ouest).

(Eloigné du village, on ne sait pas que le feu de brousse a ravagé les cultures)

"Le nègre d'Amérique et celui de l'Afrique ne font qu'un. Ils sont sortis de la même souche. Ils peuvent travailler ensemble et contribuer à l'avancement du monde". (Marcus Garvey (1887-1940), in La Diaspora noire, I. Baba Kaké).

"Les mois et les jours sont devenus pour moi comme des personnes qui me tenaient compagnie". (Cheick Amadou Bamba (1895-1927)- Guide spirituel sénégalais en exil - in La Diaspora noire, I. Baba Kaké).

"Afrique ! Aide-moi à rentrer, porte-moi comme un vieil enfant dans tes bras et puis tu me dévêtiras, me laveras". (Douta Seck ou La Tragédie du roi Christophe, Lucien Lemoine).

"Le Bénin est une terre possessive, une femme tranquillement amoureuse qui vous épie (...) j'y ai mes racines, ainsi m'est-il difficile de m'en séparer comme un fruit mûr ou pourri se détache de la branche de l'arbre qui le porte". (Olympe Bhêly-Quenum, in Notre Libraire N°124).

Echos venus d'ailleurs :

"Pars, quitte ton pays, ta parenté et la maison de ton père; pour le pays que je t'indiquerai. Je ferai de toi un grand peuple, je te bénirai, je magnifierai ton nom, qui servira de bénédiction." (Parole de Dieu à Abraham, La Bible, Genèse XII, 1-2).

"Tu n'auras pas l'Egyptien en abomination car tu as été résident dans son pays". (La Bible, Exode, XXIII-9).

EXPERIENCE

Bonne ou mauvaise, l'expérience n'est jamais perdue. Elle est comme des bornes qui jalonnent la route.

L'expérience des anciens permet aux enfants d'aujourd'hui de découvrir des horizons nouveaux.

• L'expérience douloureuse est un bon maître. (bambara/Mali).

• Si vous héritez d'un vieillard, vous héritez de sa toux. (Rwanda).

• Le bossu qui veut grimper à un arbre sait d'avance quel sera son point de chute. (Côte d'Ivoire).

• Si tu restes longtemps couché sous la moustiquaire, tu sauras comment elle a été cousue. (malinké/Afrique de l'Ouest).

• Si tu tires le vin de palme, demande à la larve ou au hanneton de te montrer comment le faire. (Zaïre).

• Si le petit poisson dit que le crocodile a mal aux yeux, ne le contrarie pas car il le connaît. (bambara/Mali).

• L'eau qui a servi à laver le visage d'un vieillard-devin est plus abondante que celle qui a lavé tout le corps d'un jeune homme. (peul/Afrique de l'Ouest).

• Le cheval du jeune galope plus vite, mais celui du vieillard sait à merveille déceler et contourner les obstacles. (bambara/Mali).

• Le singe qui a retiré sa queue de la gueule d'un chien ne court plus de la même manière que les autres. (malinké/Afrique de l'Ouest).

• Seul le termite peut apprécier l'habileté du maçon. (Côte d'Ivoire).

• Seule la fourmi qui a du tabac à priser sait si la tabac est bon. (Cameroun).

• Le fait d'habiter ensemble fait le tour du caractère. (malinké/Afrique de l'Ouest).

"*La culture, dans nos civilisations, est accessible à toutes les bonnes volontés (...) Le même berger peul dont les connaissances sur la faune et la flore de son environnement vous paraissent d'une précision étourdissante, est capable d'engager avec ses compagnons des joutes poétiques (...) Il a, en outre, un sens passionné de l'histoire de son peuple, un amour fondé et lucide des héros de son passé, une solide connaissance des classiques de sa culture, et une familiarité naturelle avec les conditions et lois économiques de son existence.*" *(Alioune Diop, in revue Présence africaine, Paris 1956, N° VIII-IX-X).*

Echo venu d'ailleurs :

"Interroge les générations passées
Ecoute la Sagesse de leurs pères;
Car nous sommes d'hier et ne savons rien.
Nos jours passent comme l'ombre sur la terre.
Mais eux vont te parler et t'instruire,
Ils puiseront ces leçons dans les coeurs".
(La Bible, Job, VIII-8,10)

F

COMME FEMME

Femme

Mystère

Inconnu

Attente

Recherche

Promesse

Espoir

Route

Route qui mène vers toi

Le long des jours d'Afrique

Dans le creux des nuits amères

Au bout du chemin peut-être

Tu apparaîtras les bras ouverts

Chargés de lendemains soleil.

FAIM

La faim est une calamité qui tue lentement le corps et obscurcit l'esprit.

La faim traîne derrière les guerres et les massacres. Elle succède à la colère des éléments déchaînés. Elle dort dans les greniers vides quand le ciel n'arrose plus les champs.

• Un sahélien peut vivre trois jours avec une datte. Le premier jour, il mange la peau, le second la pulpe, le troisième, le noyau. (malinké/Afrique de l'Ouest).

• Je suis devenu le pilon, j'ai la bouche blanche de farine et je n'ai rien dans le ventre. (bambara/Mali).
(Un travail sans salaire ne nourrit pas l'homme)

• Une mère qui n'est pas ta mère ne connaît pas ta faim. (Rwanda).

• Ce qui vainc toute chose puissante, c'est la faim. (malinké/Afrique de l'Ouest).

• Plutôt que de dire à celui qui a faim : lave tes mains, dis-lui, allons manger ! (malinké/Afrique de l'Ouest).

• Le plus doux de tous les mets que tu manges est celui qui a trouvé en toi la faim (peul/Afrique de l'Ouest).

• Celui qui a faim ne casse pas les graines pour en conserver les amandes dans la main. (malinké/Afrique de l'Ouest).

• Si tu vois un Peul bedonnant, c'est qu'il a mangé un mets d'où le lait est exclu. (malinké/Afrique de l'Ouest).
(Le Peul se nourrit du lait de ses vaches)

• Si tu entends un "non merci", c'est d'une bouche bien nourrie. (malinké/Afrique de l'Ouest).

• Si la causerie va bon train, c'est qu'il y a une grillade sur le feu. (Madagascar).

• Que ce soit le son du balafon ou le son du tam-tam, l'étranger prêtera l'oreille au son du pilon. (bambara/Mali).

• Ce qui réjouit la femme qui écrase le sorgho se trouve sous le galet qui broie. (Rwanda).

• S'appuyer contre le grenier à mil est sans utilité pour celui qui a faim. (foulfoudé/Nigéria).

• Mieux vaut un fainéant mort qu'une marmite cassée en plein désert. (Madagascar).

• Racler un os auquel n'adhère plus de viande, c'est vouloir mériter l'admiration des chiens. (Madagascar).

• Offriras-tu à manger à ton hôte le poisson qui est encore à la rivière ? (Cameroun).

• Si le léopard mange des feuilles, c'est que vraiment il n'y a pas de gibier. (Congo).

• L'épervier mange pendant que la branche sur laquelle il s'est posé le regarde, sans avoir à manger à son tour. (mossi/Burkina Faso).

"*Quand un seul grain tombe à terre, un ange descend du ciel, s'arrête à ta gauche et se lamente de ton ingratitude. Et tant que tu ne l'auras pas ramassé, il pleure sur la faim du monde, sur ce grain arraché à la faim d'autres hommes".(Massa M. Diabaté, Comme une piqûre de guêpe).*

"*Des réfugiés sont agglutinés autour d'abris loqueteux, misérables. Des femmes aux seins vides. Des enfants rachitiques. Des vieillards décharnés. (...) Les champs féconds sont terre morte, stérile. Les arbres aux fruits juteux sont spectres, comme dressés pour barrer la vie des hommes ... les carcasses des cheptels sont poussières scin-*

tillantes." (Sorry Bamba, De la Tradition à la World music) - Sécheresse du Sahel, 1972-1974, 1980-1985.

"O prospérité, abondance
plein les écuelles à traire,
plein les tasses à cailler,
plein les tasses à beurre...
O les mains grasses de crème,
Les ventres pleins, les bouches rassasiées...
O mon repos, mon loisir, mes femmes nombreuses,
mes garçons nombreux, mes campements nombreux,
mes esclaves nombreux...
La misère s'éloigne..."
(Poésie peule, Cantate des vaches in
L'Islam noir, Vincent Monteil)

FANATISME

Le fanatisme est une perversion qui guette toutes les religions.

Il est aliénation de l'esprit : un aveuglement dangereux. Un habit d'intolérance éclaboussé de sang.

• N'insulte pas le raisin de la vigne sous prétexte qu'il sert à faire une boisson prohibée. (Afrique du Nord).

• Sage est celui qui étend son burnous en guise de tapis; mais bien fou est celui qui s'assied dessus. (Afrique du Nord).

• Rien ne peut être détruit en un seul jour. (bambara/Mali).

• L'habitude ne quitte jamais celui qui en est atteint. (mossi/Burkina Faso).

• Est-il indispensable que l'oeuf se batte avec le caillou ? Faire des sauts et des culbutes sépare-t-il l'homme de ses puces ? (malinké/Guinée).

"Musulmans et chrétiens, nous allons prier ensemble". (L.Sédar Senghor, 7 juin 1963, inauguration de la grande Mosquée mouride de Touba, Dakar).

"En Afrique, l'Islam n'a pas plus de couleur que l'eau; c'est ce qui explique son succès : elle se colore aux teintes des territoires et des pierres"(...) "Il importe de ne point confondre une religion avec les hommes qui l'incarnent dans le temps et qui, parfois, peuvent s'éloigner de ses principes.". (Amadou Hampâté Bâ, Aspects de la civilisation africaine).

"Il reprit conscience aux bruits de voix humaine et de pleurs, à l'odeur et à la fumée d'un monde en cendres ... Il vit les restes fumants de sa voiture et aussi ceux emmêlés de la jeune fille et du soldat. (Chinua Achebe, Femmes en Guerre).

FEMME

La femme est comme la terre : elle porte la vie telle une fleur éclose qui se transformera en fruit.

La femme, bonne épouse, doit faire honneur à son mari. Elle est l'orgueil qu'il a dans le regard.

La femme est le chant préféré des poètes, chant d'amour, chant de joie, chant de peine, chant de gratitude aussi.

• Les femmes sont nos bijoux. (touareg/Mali, Niger).

• La femme qui regrette d'être femme ne serait capable de rien même si elle était un homme. (bambara/Mali).

• Sans femme, la famille n'a pas de goût. (malinké/Afrique de l'Ouest).

• L'homme est maître dans la rue, mais dans la maison la femme reprend ses droits et n'agit qu'à sa guise. (dogon/Mali).

•Si la femme fait un pont par-dessus un fleuve, l'homme en fera un par-dessus le monde. (malinké/Afrique de l'Ouest).

• La femme est un être bien fragile, le petit mensonge d'un enfant suffit souvent à l'abattre. (bambara/Mali).

• La femme d'un autre est semblable aux coraux répandus sur une natte : les yeux aiment l'admirer, les mains ne peuvent la prendre. (Madagascar).

• Dans un lignage sans mâle, c'est la femme qui règle les comptes des funérailles. (Côte d'Ivoire).

• Une femme sans pudeur est comme un plat sans sel. (Mauritanie).

• Une femme frivole a une lame de rasoir dans la gorge : si un homme l'appelle, elle ne peut remuer la tête pour dire non. (bambara/Mali).

• Si une femme a quitté son mari en laissant chez elle du lait à cailler, elle ne tardera pas à revenir. (peul/Mali).

(Mariée à un riche, la femme rentre plus facilement au bercail)

• Quand une femme prend goût au divorce, il faudrait qu'elle ait un domicile fixe dans la concession familiale. (malinké/Afrique de l'Ouest).

• Les femmes peuvent tout gâter, elles peuvent tout arranger. (malinké/Afrique de l'Ouest).

• L'égalité d'humeur est le plus bel ornement de la femme. (Madagascar).

• Celle qui moud son grain grossièrement restera dans sa concession. (Burundi).

(Une jeune fille négligente risque de rester célibataire)

• Si tu vois une petite calebasse blanche sur l'eau et si elle n'est pas brisée, c'est qu'elle est ébréchée à l'ouverture. (bambara/Mali).

(Une jeune fille ayant un grand défaut ne trouve pas de mari)

• Quand on voit une belle jument bien harnachée c'est qu'elle a fait tomber son cavalier. (bambara/Mali).

(Si une jolie femme est sans mari, c'est qu'elle a mauvais caractère)

• Deux femmes enceintes ne peuvent pas se porter mutuellement sur le dos. (bambara/Mali).

(Certaines choses sont irréalisables)

• La barbe fait sien le matin ce que la tresse a décidé la nuit. (bambara/Mali).

(Dans l'intimité, la femme influence l'homme)

• Les ramasseurs de tiges de mil se mettent d'accord avant que le vent ne se lève.(Burkina Faso).

(On se met d'accord pour le remariage des veuves)

• Il n'y a pas de meilleur bois que la statuette dans le feu. (bambara/Mali).

(Surveillée par une vieille femme, une jeune fille ne peut tomber enceinte)

"*Donneuse de vie, liée à tous les symbolismes de la fécondité, et de la paix, la femme ne doit pas verser le sang. Elle ne peut être ni sacrificatrice, ni guerrière.*" *(P.M. Dictionnaire des civilisations africaines).*

"*Pour les femmes-mères-doyennes africaines, vieillir, paraît être une "étape de plus" pour penser mieux; agir juste et bien dans la perspective de l'indissociabilité du clan et de sa sécurité, dans le respect aussi de l'esprit des ancêtres.*" *(Femmes africaines du troisième Age, in Almanach africain, A.C.T.T.).*

"Je l'ai reconnue à sa taille fine,
fine à la manière de la taille femelle-guêpe;
Je l'ai reconnue à sa croupe ferme et arrondie
en demi-lune, croupe qu'elle balance en marchant
et qui balance tout son corps menu;
Je l'ai reconnue à sa bouche fine, garnie de dents
blanches et fermées par deux lèvres sans épaisseur
deux lèvres minces teintes en bleu comme un oeil pur.
(A. Wane, Gelaajo Ham Bodeejo, héros de la Pulaagu à travers deux récits épiques peuls).

"Je vous salue femmes d'ici, d'ailleurs.
Profondeur océane ! Vous êtes terre".
(Sembène Ousmane, Véhi-Ciosane)

"Je suis répudiée
à tout jamais.
Par de cruels épigrammes
Je suis enguirlandée.
Il chante que je suis une primitive,
que je ne sais jouer de la guitare,
que mon regard est sans vie,
que je ne sais point lire,
que mes oreilles sont bouchées,
qui ne peuvent comprendre nul mot étranger,
que je ne sais pas compter.
Il dit l'infâme,
que je suis un mouton".
(Ocol p'Bitek, Le Chant de Lawino)

FEU

Le feu habite uniquement dans la flamme. Le feu est divinité impérieuse qui transforme toutes choses. Il illumine l'âme du poète, il brûle dans le coeur de l'athlète, il irradie dans les bras du guerrier.

- Le feu n'a pas de frère. (bambara/Mali).

• Le feu vivant donne naissance à des cendres froides. (Nigéria).

• Dire "feu" n'incendie pas la case. (malinké/Afrique de l'Ouest).

• Le feu qui veut la mort de l'eau ne vivra pas longtemps. (Bénin).

• Le feu ne connaît point de pente, s'il descend, il te brûle. (Togo).

• C'est le feu qui cuit nos aliments, mais quand le feu détruit le village, tout le monde se lamente. (Togo).

• Si la marmite est trop longtemps sur le feu, elle demande qu'on ne tarde pas à venir manger. (Cameroun).

• La bûche qui est dans l'enclos rit de la bûche qui est déjà dans le feu. (Cameroun).

• La course folle du feu s'arrête au marigot. (bambara/Mali).

(Le pouvoir a des limites)

• Un pauvre diable à longue barbe la brûlera un jour en soufflant sur son feu. (Madagascar).

• Quand tu vois la barbe de ton voisin prendre feu, mouille la tienne. (créole/Antilles).

• Celui qui a besoin de feu marche vers la fumée. (Antilles).

• Quand on grille une noix de palmier avec un bâtonnet, le bâtonnet et la noix brûlent. (Zaïre).

• Avant de tourner le dos, assure-toi que tu disposes d'une personne qui doit attiser ton feu. (Cameroun).

• Alors que tu (l'étranger) es arrivé la nuit, tu connais déjà ce qui bout au feu ! (Congo).

• Sous prétexte de goûter un peu, tu risques de tout vider encore sur le feu. (baoulé/Côte d'Ivoire).

• Rancune d'antilope n'empêche pas la brousse de brûler. (malinké/Afrique de l'Ouest).

• Quand le feu de brousse n'est pas terminé, un criquet ne doit pas aller présenter ses condoléances à un autre. (bambara/Mali).

"J'avais laissé un petit feu dans mon pays, je n'ai pas réussi à l'éteindre, il a tourné l'incendie et m'a brûlé. (Ousmane Dan Fodio (1754-1817), Fondateur de l'Empire peul de Sokoto, in *Islam Noir,* *Vincent Monteil).*

"Tu manges le feu bel-bel, le feu du forgeron,
Fils de forgerons, tu manges la médecine,
Seuls les forgerons jouent avec le feu.
Toi, fils de forgerons, tu manges la médecine,
Seuls les forgerons peuvent jouer avec le feu".
(Danse des forgerons, Nigéria)

FIDELITE

La fidélité est permanence. Le passé et le présent qui ne font qu'un dans la même volonté de persévérer. Hier et aujourd'hui, main dans la main, au sein d'une même authenticité. Fidélité à soi-même pour ne rien trahir de ce qui a été, et qui reste notre raison de vivre. Fidélité à son peuple, pour ne pas oublier les vertus essentielles qui constituent son tissu original. Fidélité aux idées : fidélité de tous les instants, car la fidélité est une ascèse.

• Un trépied de pierre peut se briser, un trépied de bois se détériorer, mais il en est autrement des promesses de l'homme fidèle. (Madagascar).

• Ne raillez pas l'épouse égarée qui revient au foyer un instant déserté. (Madagascar).

• Tu attendais la poule fidèle qui vit dans ta maison, et tu as tressailli en voyant la pintade aux belles couleurs ! (Madagascar).

• Si une seule patte est sortie du mille-pattes, cela ne l'empêche pas de rentrer chez lui le soir. (peul/Afrique de l'Ouest).

• Peu importe où le bouc passe la nuit, pourvu que son maître le retrouve le matin. (malinké/Afrique de l'Ouest).

• Malgré le séjour d'un oiseau perché sur un baobab, il n'oublie pas son nid qui est dans l'arbuste. (Gabon).

"Je ne suis pas le centre du monde
Je ne suis pas la lumière
Mais j'appartiens à ma terre
Et au grand jour
J'appartiens à mon peuple
Avec ma parole fidèle".
(Paul Dakeyo, J'appartiens au grand jour)

"O que ma tête soit entre deux glaives
Je lui resterai fidèle.
Le berger pense à son étoile,
Le piroguier reste fidèle aux murmures du fleuve,
L'oiseau salue le lever du jour,
L'enfant rit sur les genoux de l'ancêtre,
Et moi je pense à celui
Que je chante par ces mots de tous les temps.
Qu'on me jette les mains liées
Au plus profond des eaux
Je le chanterai encore."
(Seydou Badian, Sous l'Orage)

FLATTERIE

Détourne tes oreilles des paroles flatteuses. Ce ne sont pas paroles d'amis ni de sages. Ce sont paroles à égarer tes pas vers des sentiers perdus.

• Le flatteur trompe son maître en lui grattant le cou. (malinké/Afrique de l'Ouest).

• Le beau parleur qui arrange les accordailles, n'est jamais celui qui épouse. (Burundi).

• Le parleur a beau avoir du bagout et respecter la tradition ancestrale, sa célébrité et sa renommée sont passagères. (malinké/Afrique de l'Ouest).

• La louange gonfle le sot et rend tout petit l'homme d'esprit. (Burkina Faso).

• N'ayez pas la bouche louangeuse à la saison des pluies si elle doit être médisante en saison sèche. (Madagascar).

• Ne vous vantez pas comme le paon : on siffle et il fait la roue. (Madagascar).

• Ne soyez pas si avide de louanges que vous en veniez à porter un mortier sur le dos. (malinké/Afrique de l'Ouest).

• Qui porte une charge sur la tête ne manque pas d'aide pour la déposer. (bambara/Mali).

• C'est par une ruse qu'on peut amener le chef à porter sur la tête un ballot de paille. (mossi/Burkina Faso).

• Celui qui te pousse à acheter un cheval famélique ne t'aidera pas à le nourrir. (bambara/Mali).

• Si on te vante les pâturages d'un pays lointain, continue à faire paître ton troupeau sur le tien. (Mauritanie).

• Quand on applaudit trop un danseur, il se trompe de pas. (bamiléké/Cameroun).

• Dire que savoir parler n'a pas d'importance, c'est simplement contenter la mère du muet pour qu'elle puisse dormir. (mossi/Burkina Faso).

• Quand les chauves meurent, les regrets en font des têtes bouclées. (Afrique du Nord).

• La louange peut amener un chat à se prendre pour un taureau. (peul/Afrique de l'Ouest).

• Si on appelle une chèvre "barbue" elle passe la journée sur un talus à peigner sa barbiche. (Rwanda).

• Quand le lièvre se met à chanter ses exploits, il s'intitule le roi des chiens de chasse. (peul/Afrique de l'Ouest).

"On dit en Afrique que la "belle parole" est une bonne provision, car si quelqu'un parle bien, il suffit qu'il s'assoie et raconte. Tout le monde viendra l'entourer et on lui donnera tout ce dont il a besoin". (Amadou Hampâté Bâ (1900-1991), in Notre Libraire N°75-76).

FLEUR

La fleur est promesse, comme un idéal à saisir à bout de bras.

Elle est le ventre d'où jaillira le fruit. Elle est offrande à la femme aimée : elle est à l'image de l'amour, une délicatesse du coeur dans les gestes à faire et refaire encore. Les fleurs se fanent, d'autres fleurs les remplacent.

• Fleur parfumée cachée dans l'herbe : c'est quand on la piétine qu'elle embaume. (Madagascar).

• Aucun arbre n'a donné des fruits sans avoir eu d'abord des fleurs. (Ethiopie).

• Un arbre en fleurs reçoit la visite des insectes. (touareg/Mali, Niger).

• Le pardon est la plus belle fleur de la victoire. (Mauritanie).

• L'herbe en fleur doit toujours le respect à l'herbe en fruit. (Burundi).

"Comme d'une fleur de gombo non éclose se mirant au soleil, comme d'une fleur de nénuphar aux pétales chatoyant de flamme et d'or, d'où s'envolent des naïades, l'amour éclot d'un regard." (Fily Dabo Sissoko (1900-1964), Les fleurs du parterre, Poèmes de l'Afrique noire), Ecrivain malien.

FLEUVE

Le fleuve, artère charriant la vie, il est passage, il est appel au rassemblement des hommes, il est la main tendue qui donne l'espoir. Le fleuve est ... mère avant toutes choses.

• Celui qui demeure sur la berge du fleuve est toujours bon nageur. (Afrique).

• Même si le fleuve est très peu profond, quand vous y jetez une pierre, elle touche le fond. (Guinée).
(La vérité surgit toujours)

• C'est seulement en descendant vers la mer que le fleuve reste fidèle à sa source. (bambara/Mali).

• Le fleuve a donné naissance aux caïmans, la source a donné naissance au fleuve. (Madagascar).

• Le fleuve s'est vanté, Dieu y a mis le gué. (malinké/ Afrique de l'Ouest).

• C'est Dieu qui se tient au derrière de celui qui traverse le fleuve à la nage. (bambara/Mali).

• On ne parle pas de pirogue qui a chaviré avant d'avoir traversé le fleuve. (malinké/Afrique de l'Ouest).

"Coule donc Djoliba, vénérable Niger, passe ton chemin et poursuis à travers le monde noir ta généreuse mission. Tant que tes flots limpides rouleront dans ce pays, les greniers ne seront jamais vides, et chaque soir, les chants fébriles s'élèveront au-dessus des villages pour égayer les peuples malinké". (Fodeba Keïta (1921-1969?), Chansons du Djoliba, Poèmes africains), Ecrivain guinéen.

F O I

La foi est lumière intérieure qui guide dans les ténèbres de l'existence. Elle est accompagnée de l'espérance et de la volonté, ses amies inséparables.

• Même si tu adores une pierre, ta foi est grande et belle si elle jaillit de ton coeur. (Egypte).

• La pudeur est une branche de la foi. (Mauritanie).

"Sans la foi, qui lui donne son sens, la religion ne serait plus qu'un folklore amusant (...) Les Prophètes sont considérés comme des rayons lumineux émanant d'une même source." (A. Hampâté Bâ, Aspects de la civilisation africaine).

"J'ai eu treize enfants et je les ai vu partir, vendus comme esclaves, et quand je pleurais de toute ma douleur de mère, seul Jésus m'a entendue". (Esclave d'une plantation de coton, Les Esclaves, Suzanne Everett).

"La foi est comme un fer chaud. En se refroidissant, elle diminue de volume et devient difficile à façonner. Il faut donc la chauffer dans le haut fourneau de l'Amour et de la charité". (A. Hampâté Bâ, Enseignement de Tierno Bockar).

"Avec cette foi, nous parviendrons à extraire des montagnes de désespoir la pierre de l'espoir". (Martin Luther King).

FOLIE

Dérèglement des lois de la nature, dérèglement de la raison, dérèglement des lois de la vie. Ainsi, toute maladie n'est-elle pas une "folie", un dés-équilibre de notre organisme ?

• Le fou est l'échelle du sage. (zoulou/Afrique du Sud).

• Trop d'intelligence tourne à la folie. (Congo).

• Un fou a jeté une pierre dans un puits, mille sages n'ont pu la retirer. (touareg/Mali, Niger).

• On a beau dire que le fou est guéri, il continue à faire peur. (baoulé/Côte d'Ivoire).

• Quand tu fais des folies, n'oublie pas la présence du gouffre. (Rwanda).

"Les hommes ne savent pas implorer le secours des dieux qui réparent souvent les dégâts de leur folie".(Paulin Joachim, Piètres Moissons), Ecrivain béninois.

"On rencontre souvent le fou le soir comme maintenant disant des choses que les gens écoutent avec frayeur, mais qu'ils oublient après." (Tchicaya U Tam'si (1931-1988), Les Méduses).

FONDATION

La fondation, c'est l'élément essentiel de toute construction : une maison, une nation, un couple.

• L'homme qui demeure sans enfants est semblable à l'arbre du carrefour que chacun dépouille de ses feuilles et de ses fruits. (Afrique du Nord).

• Une brique au mur vaut mieux qu'une perle au collier. (Mauritanie).

• Ajouter une couche de terre sur un mur ne le fera pas s'écrouler. (mossi/Burkina Faso).

• De longues lianes ne suffisent pas pour construire une case, il en faut aussi de courtes pour parfaire les angles. (Cameroun).

"En Afrique noire, la maison met l'homme en communication constante avec le cosmos auquel il s'intègre et avec lequel il s'identifie." (J.P.L. Dictionnaire des Civilisations africaines).

"Si le cordier oublie comment ceux qui l'ont précédé tressaient leur corde, la sienne ne conviendra sûrement pas au puits de son village". (Jean Pliya, Les tresseurs de cordes).

FORCE

La force se conquiert marche après marche sur l'escalier en colimaçon de l'existence. Tenir bon la rampe, malgré les orages et les tentations. Au bout du chemin, la grande clarté du jour comme un nouveau soleil.

• La force de l'homme vient de son ventre. (malinké/Afrique de l'Ouest).

• Celui qui veut qu'on le craigne, ne doit pas montrer de la faiblesse, sauf à Dieu. (Mauritanie).

• On ne perce pas la force du vent. (malinké/Afrique de l'Ouest).

• Le mortier que la chèvre lorgne des yeux, son petit le

renversera sûrement. (malinké/Afrique de l'Ouest).

• La force de la hache vient du manche, la force de l'arc vient de la corde. (Congo).

• Le tronc du baobab (bois tendre) est très grand mais on ne peut y tailler un manche de houe. (bambara/Mali).

• La force du lion se révèle quand il est traqué de toutes parts. (bantou/Angola).

• La force du léopard est dans la forêt, la force du crocodile est dans l'eau. (bambara/Mali).

"En évoquant mon passé d'enfant, en ressuscitant, par la pensée, des images estompées, polies, aux angles arrondis, je voudrais communiquer toute la riche vie intérieure de l'homme noir, ce sens de l'humain qu'il possède de plus que tout autre, la force de sa mémoire qui fait revivre son enfance première comme un présent éternel".(Boubou Hama (1906-1982), Kotia-Nima, Tome 1), Ecrivain nigérien.

FOUGUE

Force aveugle au bord du dérapage.

• Si pressé que tu sois, tu as ton ventre devant. (bambara/Mali).

• Si pressé que tu sois, tu attends que la porte de la case soit ouverte. (malinké/Afrique de l'Ouest).

• Si pressé que tu sois, tu ne peux pas dire à ton postérieur "passe devant moi !". (malinké/Afrique de l'Ouest).

• Si pressé que tu sois, tu ne pourras pas enlever ton boubou par les pieds. (malinké/Afrique de l'Ouest).

• Si on suit toujours le bon goût d'une nourriture, on finira par avaler sa langue. (bambara/Mali).

• On ne conduit pas chez le coiffeur un enfant qui n'est pas encore né. (dogon/Mali).

• Si tu n'as pas vu la nouvelle mariée, n'étends pas la natte. (malinké/Afrique de l'Ouest).

• Il aperçoit une biche au loin, il déchire son pagne de cuir ! (peul/Afrique de l'Ouest).

"La passion n'est point l'apanage de telle race parvenue à un certain degré de civilisation, la passion n'a besoin pour naître que du coeur de l'homme". (Félix Couchoro (1900-1968) L'Esclave), Ecrivain béninois.

FRATERNITE

Fraternité, cela veut dire :
Voici le pain. Partageons-le ensemble.
Voici le vin. J'en ai laissé pour toi.

Fraternité, cela veut dire :
Deux mains qui se touchent,
Deux regards vers le même idéal.

Fraternité, cela veut dire :
Epaule contre épaule dans la lutte,
Coeur contre coeur dans la peine.

Fraternité : le plus beau mot à partager
entre tous les Peuples de la terre.

• Quand bien même il coulerait une fontaine d'argent à la porte de chacun, les hommes ne cesseraient pas d'avoir besoin les uns des autres. (Afrique du Nord).

• Quand tu vois un orphelin accablé de tristesse, garde-toi de baiser devant lui le visage de ton fils. (Afrique).

• Celui qui a un morceau de viande à griller, doit s'approcher de celui qui a un tison. (bambara/Mali).

• Comme le coton à filer : les endroits minces se doublent, les fils coupés se rattachent. (Madagascar).

"*Plus fort que l'amour fraternel, plus tyranique que l'amour paternel, la fraternité de "case" (classe d'âge) soumet l'homme digne de ce nom à des règles, à des obligations, à des lois qu'il ne peut transgresser sans déchoir aux yeux de tous.*" *(Birago Diop,* *L'Os de Mor Lam*).

G

COMME GHETTO

Le ghetto
Tu es dans le ghetto, mon frère
Tu es dans le ghetto.

Quand l'amour n'éclaire pas ton ciel
Quand les jours se ressemblent
Vêtus du même habit de solitude
Quand tu frissonnes de ne pouvoir
Te réchauffer à aucun soleil.

Le ghetto
Tu es dans le ghetto, mon frère
Tu es dans le ghetto.

Tu dors avec ta vérité
Mais elle n'intéresse personne
Tu tournes en rond, animal en cage
Tu tends les bras dans le vide
Le dos au mur, tu broies du noir

Tu es dans le ghetto.

GAIETE

La gaieté chasse les craintes de la nuit.

• Quand la lune se lève toute l'Afrique danse. (Afrique).

• La réjouissance rend agréable la vie d'une ville. (bambara/Mali).

• C'est le bruit de l'amusement qui attire celui qui doit naître. (Casamance).

• Tu vas à la fête le pied léger, tu en reviens le pas lourd. (malinké/Afrique de l'Ouest).

• Qui est repu et heureux se couche sur le dos pour danser en s'accompagnant d'une cithare. (Burundi).

• La corne ne vieillit pas avant l'oreille. (malinké/Afrique de l'Ouest).
(Le danseur se fatigue moins que l'instrumentiste)

• Courir ensemble rend agréable le jeu des chiens. (bambara/Afrique de l'Ouest).

• La gaieté de la cuisinière rend agréable le repas. (bambara/Mali).

• La tabatière rend agréable le séjour d'un hôte. (bambara/Mali).
(Si on chique, en présence de quelqu'un, on tend sa tabatière pour que la personne se serve)

"La vie pour nous est un voyage qu'il faut faire avec des compagnons joyeux. Nos tam-tams chantent la joie de cultiver en groupe, de moissonner ensemble, de construire de même nos maisons. La vie, mais c'est une belle chanson qu'on doit chanter ensemble, en battant toujours des mains". (Bernard Dadié, Climbié).

"Nous sommes les hommes de la danse, dont les pieds reprennent vigueur en frappant le sol dur".(L.S. Senghor, Chants d'ombre).

GENEROSITE

C'est la main qui donne, mais c'est le coeur qui offre.

• La générosité ressemble à une termitière : on la transporte en prenant appui sur l'herbe drue et non sur l'herbe tendre. (bamiléké/Cameroun).

• L'aumône est une prière silencieuse. (Afrique du Nord).

• C'est le bienfait qui fait sortir les larmes. (malinké/Afrique de l'Ouest).

• Ce que tu donnes aux autres, tu le donnes à toi-même. (Afrique).

• C'est la sauce qui rend un plat agréable. (malinké/Afrique de l'Ouest).

• Qui reçoit sans être jamais content n'est jamais généreux. (malinké/Afrique de l'Ouest).

• La farine offerte à l'accouchée sera restituée à la prochaine naissance. (malinké/Afrique de l'Ouest).

• Quand on donne un singe, on ne retient pas sa queue. (baoulé/Côte d'Ivoire).

• L'assistance qu'on doit aux parents malheureux est un impôt qui vient des ancêtres. (Madagascar).

• Qui rend un bon service, traverse les régions lointaines. (Rwanda).

• Là où les pieds et les yeux ne peuvent aller et où la voix ne peut être entendue, le coeur s'y rend. (Bénin).

• Faites du bien à une muraille et vous pourrez vous y appuyer; faites du bien à une pierre et vous pourrez vous y asseoir. (Madagascar).

• Un don qui tarde trop rencontre la critique. (malinké/Afrique de l'Ouest).

• Possesseur d'enclos ne craint pas les hôtes. (foulfoudé/-Cameroun).

• Le mal commis est un malheur suspendu, le bien accompli est un trésor caché. (Madagascar).

"L'hospitalité alimentaire est de rigueur dans les sociétés africaines, l'hôte fait généralement l'objet d'un traitement différentiel destiné à l'honorer et à lui prouver que la nourriture qu'on lui offre n'est ni empoisonnée, ni envoûtée." (I.G. Dictionnaire des Civilisations africaines).

Echos venus d'ailleurs :

"Seigneur (Allàh), mes compagnons vont à pied, donne-leur des montures. Ils sont nus, vêts-les. Ils ont faim, rassasie-les". (Mahomet (570-632) Le Prophète de l'Islam).

GENIE

C'est un éclair soudain comme le regard de Dieu cristallisé dans l'oeuvre accomplie.

• On ne met pas quelque chose dans tous les sacs taillés par l'esprit. (bambara/Mali).

• Les oreilles bien douées ne poussent que sur une tête bien douée. (peul/Afrique de l'Ouest).

"L'homme de talent, l'homme de génie, l'homme véritable est celui qui sait à temps se rendre compte de ce qui ne va pas dans son travail, et qui au surplus en décèle les racines secrètes dans le réel et dans sa personnalité." (Alexis, Jacques Stephen (1922-1966), Compère Général Soleil), Ecrivain haïtien.

"Chaque être humain a un génie qui le gouverne, qui crée ses succès et provoque ses échecs." (Seydou Badian, Noces sacrées).

GERMINATION

Le grain meurt dans la terre féconde. Il ressuscite en plante qui bientôt portera des fruits.

• Le grain semé dans le lac salé ne produira jamais d'épis. (Egypte).

• De la racine à la feuille la sève monte et n'arrête jamais. (bambara/Mali).

• Le fruit n'est pas seulement la sève des racines mais il s'est fortifié aussi au vent et au soleil. (malinké/Afrique de l'Ouest).

• Le grain de riz est sans contemplation. (peul/Afrique de l'Ouest).

• Un grain de maïs a toujours tort devant une poule. (Bénin).

• Le grain bouffi d'orgueil tombe le premier sous la meule. (Burundi).

• Si votre maïs est inépuisable, ne sera-t-il pas un jour desséché ? (Cameroun).

• N'imitez pas le coq monté sur un tas de riz et qui disperse de ses pattes ce qui a tant coûté à amasser. (Madagascar).

• Avoir des jumeaux ne surprend guère la graine. Cent, mille, tout est possible, pour mère graine. (peul/Afrique de l'Ouest).

• Avant que l'avocatier ne porte ses fruits, le singe nourrissait déjà son petit. (créole/Antilles).

• Le bruit ne fait pas mûrir le mil, il le protège des prédateurs. (malinké/Afrique de l'Ouest).
(Les enfants ont la responsabilité de chasser les oiseaux et les singes)

"Quand le grain germe, la croissance n'est pas toujours facile; les grands arbres poussent lentement mais ils enfoncent profondément leurs racines dans le sol." (Djibril Tamsir Niane, Soundjata ou L'épopée mandingue).

GESTIONNAIRE

Un bon gestionnaire ne s'encombre pas de palabres.

• Quand l'appât vaut plus cher que le poisson, il vaut mieux arrêter de pêcher. (créole/Antilles).

• L'emprunt est le premier-né de la pauvreté. (peul/Afrique de l'Ouest).

• Les dettes noircissent les jours. (Afrique du Nord).

• Une petite chose modeste l'emporte sur l'emprunt. (malinké/Afrique de l'Ouest).

• La chose toujours prise et encore reprise n'a pas l'habitude de revenir. (Cameroun).

• L'écoulement du temps n'éteint pas la créance. (Côte d'Ivoire).

• Cinq cents cauris (coquillages/ancienne monnaie) au comptant valent mieux que mille à crédit. (bambara/Mali).

• L'achat est plus licite, le pillage est plus rapide. (peul/Afrique de l'Ouest).

• La pêcherie ne se construit pas aux dimensions de la mer. (Côte d'Ivoire).
(On emprunte selon ses moyens)

• A une grenouille accroupie on ne demande pas de siège. (malinké/Afrique de l'Ouest).
(On n'emprunte pas à un pauvre)

• Pour un coutelas prêté, on ne doit pas façonner le fourreau. (Cameroun).

• Quand la corde se déchire, il y en a toujours un qui tombe. (bambara/Mali).
(Dans les affaires, il y a toujours un perdant)

• Celui qui est plus habile que toi t'achète pour un chien. (bambara/Mali).

• On n'achète pas un boeuf à l'empreinte du sabot.(peul/Afrique de l'Ouest).

• Pendant que tu cherches à habiller les poules, les moutons abîment le coton dans la vallée. (Tchad).
(Ne pas négliger là où se trouvent ses propres intérêts)

• Celui qui monte devant, sur une tortue, ne tire pas plus de profits que celui qui monte derrière. (Côte d'Ivoire).

• Le mangeur de courges se prive de calebasses. (Tchad).
(La misère guette celui qui n'épargne pas)

• La poule se porte garante de l'oeuf mais non du poussin. (Cameroun).

• Un oeuf dans la bouche vaut mieux qu'une poule au poulailler. (peul/Afrique de l'Ouest).

• Il est impossible de trouver deux bénéfices dans un oeuf : l'omelette et le poussin. (bambara/Mali).

• Quand on veut conserver un objet auquel on tient, on le protège avec une peau d'iguane. (Bénin).

• Le singe croit qu'il a une queue alors qu'il porte la liane qui servira à attacher son cou. (Côte d'Ivoire).

(En croyant conclure une bonne affaire, cela peut conduire à la ruine)

• Si tu es pressé, tu achèteras la tête de l'éléphant pour un rouleau d'étoffe, mais si tu vas lentement tu l'emporteras pour rien. (peul/Afrique de l'Ouest).

• Même si la ville des hyènes est en ruines, on n'y envoie pas un chien pour y faire du commerce. (Afrique de l'Ouest).

"Les lieux de marché restent des centres intenses de vie communautaire où sont échangées plus de salutations, d'informations et de palabres que de marchandises et d'argent." (J.M. Dictionnaire des Civilisations africaines).

GLOIRE

La gloire est la cime de l'arbre, le sommet que le soleil éclaire de tous ses feux.

• Le soleil n'oublie pas un village parce qu'il est petit. (dioula/Côte d'Ivoire).

• Quand la lune brille, les étoiles disparaissent. (Côte d'Ivoire).

(Le talent exige le respect)

"Un jour, Saint Pierre voit arriver à la porte du paradis trois hommes : un Blanc, un Mulâtre, un Nègre.

- Que désires-tu ? demande-t-il au Blanc.

- De l'argent.

- Et toi ? dit-il au Mulâtre.

- La gloire.

Et comme il se tourne vers le Noir, celui-ci lui déclare avec un large sourire : "Je suis venu porter la malle de ces messieurs". (Franz Fanon (1925-1961), Peau noire, masques blancs), Sociologue martiniquais.

GRANDEUR

La grandeur est une reconnaissance : la mission accomplie est exceptionnelle.

• L'orgueil n'ajoute rien à la grandeur : ce n'est rien de plus que du vent qui gonfle une outre. (Afrique du Nord).

• Chaque vocation est grande si elle est poursuivie avec grandeur. (Zambie).

• L'humilité mène à la grandeur. (Sénégal).

• Un homme qui paie ses respects aux grands prépare le chemin de sa propre grandeur. (yoruba/Nigéria).

• Celui qui est de haute taille ne se dresse pas sur la pointe des pieds en allongeant le bras pour atteindre quelque chose. (peul/Afrique de l'Ouest).

(On ne fait pas soi-même ses éloges)

• Dieu a créé la calebasse et la galama (louche). La calebasse est restée au sol, Dieu l'a grandie; la galama a grimpé pour se faire voir, Dieu l'a rendue petite en lui ajoutant une queue pour qu'elle séjourne dans la calebasse jusqu'à la fin des temps. (bambara/Mali).

"Notre peuple me semble fait pour la grandeur parce qu'il sait obéir, parce qu'il sait se priver, parce qu'il sait endurer." (Seydou Badian, La mort de Chaka).

"Le pardon est une arme unique dans l'histoire qui tranche sans blesser, et qui ennoblit l'homme qui l'utilise" (...) "Le pardon est plus viril que la punition." (Martin Luther King).

GRIOT

Gardien de la mémoire du peuple. En même temps miroir où se lit le visage des ancêtres. Les mots du griot sont les échos de leurs voix éteintes.

• Le griot a deux langues et la "bouche déchirée". (malinké/Afrique de l'Ouest).

(Talentueux dans la parole, le griot peut aussi bien reconcilier des ennemis que désunir des amis)

• Il n'y a pas d'os dans la langue qui l'empêche de tourner. (parole de griot/Mali).

• On se vante soi-même par manque de griot. (malinké/Afrique de l'Ouest).

• Même si tu fais un cadeau à un griot, tu attends qu'il ait parlé un peu. (malinké/Afrique de l'Ouest).

"Autrefois les griots étaient les Conseillers des rois, ils détenaient les Constitutions des royaumes par le seul travail de la mémoire" (...)" Nous sommes les sacs à parole, nous sommes les sacs qui renferment des secrets plusieurs fois séculaires (...) Par la parole nous donnons vie aux faits et gestes des rois devant les jeunes générations". (Djibril Tamsir Niane, Soundjanta ou l'épopée mandingue).

"Fade est le riz sans la sauce,
Plat le récit sans mensonge,
Ennuyeux le monde sans griot".
(Tradition orale peule/Mali)

GUERRE

Les guerres ont jalonné toute l'histoire de l'humanité, avec leur cortège de souffrances et de malheurs. Est-ce une raison pour accepter les génocides, les conflits tribaux, linguistiques, religieux ou idéologiques qui dévastent aujourd'hui la planète ?

• L'homme qui s'en va à la guerre doit partager sa succession. (peul/Mali).

• On ne fait pas la guerre sans entendre le bruit de la poudre. (malinké/Afrique de l'Ouest).

• Nombreux sont ceux qui discutent de la guerre, peu la font. (malinké/Afrique de l'Ouest).

• La leçon des balles, on l'apprend très vite. (Mauritanie).

• L'orgueil engendre les conflits. (Rwanda).

• L'échine des petits est l'escalier des grands. (Antilles).

• Tuer un serpent sans y réussir, c'est subir les conséquences fâcheuses. (Madagascar).

• Un chien qui grogne défend souvent un bien qui n'est pas le sien. (Madagascar).

• La fourmi-guerrière ne passe pas la rivière sans une brindille. (Cameroun).

• Les mains étrangères détruisent les maisons bien construites. (Afrique).

"Les guerres prenant naissance dans l'esprit des hommes, c'est dans l'esprit des hommes que doivent être élevées les défenses de la paix." (Acte constitutif de l'UNESCO (extrait) in Propos sur la Tolérance, Planète Coeur, 1996).

"Il y aura des Noirs pour se souvenir, que sans proférer un mot, les dents serrées, l'oeil calme, la baïonnette à la main, ils ont aidé l'humanité à accomplir ce grand progrès; en revanche, je le crains, il y aura des Blancs qui ne pourront oublier qu'ils l'ont combattu, la méchanceté au coeur et le mensonge à la bouche". (Abraham Lincoln (1809-1865) in La Diaspora noire, I. Baba Kaké), Président des U.S.A. de 1861 à 1865.

"Qui pourra vous chanter si ce n'est votre frère d'armes, votre frère de sang
Vous Tirailleurs Sénégalais, mes frères noirs à la main chaude, couchés sous la glace et la mort ?" (Léopold Sédar Senghor, Hosties noires).

"Tes filles ne reculent jamais devant l'ennemi"
"Que les hommes restent donc à la maison
pour cultiver le maïs et les palmiers,
nous irons retourner les entrailles,
avec nos houes et nos coupes-coupes."
(Chant guerrier de l'ancien royaume du Dahomey, in
Les Amazones, H. D'Almeida Topor)

"Mais, ce soir la mitrailleuse
racle le ventre du sommeil.
La mort rôde
Parmi les champs lunaires des lys".
(Jacques Rabemananjara), Ecrivain malgache

GUIDE

Le guide est l'homme de lumière qui éclaire la route vers le progrès. Il est le gardien de la parole essentielle qui accompagne le long du pèlerinage.

• Marche en avant de toi-même, comme le chameau qui guide la caravane. (Mauritanie).

• Suis le chemin le plus droit même s'il passe par le sommet des montagnes. (Mauritanie).

• Le coeur est un guide que suivent les pieds. (Afrique du Nord).

• Ne déprécie pas la tortue à cause de son humilité, elle peut te guider demain. (malinké/Afrique de l'Ouest).

• Pour guider son troupeau, le berger a besoin d'un seul bâton. (malinké/Afrique de l'Ouest).

• Au bout de la corde, la tente. Au bout de l'homme, la trace. (touareg/Mali).

"Toute société, toute communauté humaine, comme toute communauté vivante, pour se maintenir, pour évoluer en harmonie, a besoin d'une direction, d'un guide, d'une autorité." (Jean Ikelle-Matiba, Cette Afrique-là), Ecrivain camerounais né en 1936.

"Je pense que le poète demeure encore le guide, le porte-parole du peuple". (Eustache Prudencio, in Notre Libraire N°124), Ecrivain béninois.

"Là, leur guide s'arrêta et dit : "Restons ici, prenons possession de ce territoire, bâtissons nos cases, faisons de cet endroit un lieu vénérable qui servira à rallier nos tribus à leur commune origine, à les souder désormais entre elles." (Joseph Brahim Séid, Au Tchad sous les étoiles), Ecrivain tchadien né en 1927.

"Jeunes, les vieux ne sont pas vos rivaux, mais vos aînés, vos pères. Ce sont des hommes qui vous ont donné le jour et qui, dans l'ordre normal des choses, devraient vous guider. Ils ont vécu dans un système donné, ce système a ses lois, ils les ont respectées, eux, ces lois." (Seydou Badian, Sous l'Orage).

Echo venu d'ailleurs :

"Le mois de jeûne est le mois de ramadan au cours duquel a été révélé le Coran en tant que guide des hommes." (Le Coran).

H

COMME HUMANITE

Multitude
déferlante comme mer à Dar es Salaam
    Tout un Peuple en mouvement
    Vers de nouvelles espérances

Multitude
féconde comme terre de Zimbabwé
    Ceux d'hier et ceux d'aujourd'hui
    en cortège main dans la main

Multitude
D'Amérique Latine
Lasse des pronunciamentos

Multitude
D'Afrique du Sud
Résignée sous les malheurs

Multitude
Du Vietnam et du Cambodge
Eclaboussé aux quatre vents
    Entendez-vous
    en ce jour mémorable
    La voix de l'Espoir ?
    La voix de la Révolution ?
    La voix des Droits de l'homme ?

HAINE

La haine engendre la haine, comme le feu se ravive au contact du feu.

La haine est une "bête hideuse" qui prend de multiples visages : ici, elle est guerre de religion, là-bas, elle est affrontements ethniques, ailleurs, elle est ségrégation, apartheid ...

• Laisse celui qui aime ce qu'il aime, parce que, si tu lui dis de laisser ce qu'il aime, il aimera ce qu'il aimait, et te haïra. (peul/Afrique de l'Ouest).

• Aimer qui ne t'aime pas, c'est autant secouer des arbustes pour en faire tomber la rosée. (peul/Afrique de l'Ouest).

• Prosterne-toi devant le singe haineux au moment de sa puissance. (Kenya).

• Si la parenté de lait est malade des yeux, c'est un par un que se comptent ceux qui la guérissent. (toucouleur/Sénégal).
(Les haines entre parents sont les plus difficiles à apaiser)

• L'unique remède contre la haine est la séparation. (bambara/Mali).

• On ne porte pas ses chaussures pour chasser le rat de sa maison. (bambara/Mali).
(On ne se presse pas d'agir quand on a le temps devant soi)

• C'est quand tu balaies ta maison que tu peux tuer le scorpion. (malinké/Afrique de l'Ouest).

• Dans une calebasse qui a contenu de l'huile, il y aura toujours un reste. (soninké/Mali).

"Chez nous la fraternité est une vérité. Marchez avec nos valeurs, marchez courageux et refusez la haine, car si de la haine vous tirez

votre ferveur, le jour où la haine disparaîtra, vous serez un peuple mort !" (Seydou Badian, Sous l'Orage).

"L'offense quand elle est fille non de la malveillance mais de l'ignorance mérite non la haine mais la sollicitude". (Beti Mongo, Remember Ruben) Ecrivain camerounais né en 1932.

"Le temps est venu où peut-être l'acceptation volontaire et non violente de la souffrance par les innocents pourra inciter la nation à liquider ce fléau que sont les brutalités et les violences exercées sur des Noirs qui ne cherchent qu'à s'avancer dans la dignité devant Dieu et devant les hommes." (Martin Luther King (1929-1968 - assassiné) Pasteur noir américain, Prix Nobel de la Paix en 1964).

"Personne ne naît animé de la haine pour la couleur de la peau, l'origine ou la religion d'une autre personne." (Nelson Mandela, Long walk to freedom).

HEROS

Fils du pays portant la fierté de tout un peuple. Héros des guerres victorieuses, des combats d'arènes ou des matches de football...

• C'est son dévouement qui vaut à la femme d'enfanter un héros. (malinké/Afrique de l'Ouest).

• Quand le pilon a fini de piler, on l'oublie près de la case. (Rwanda).

(L'exploit d'un héros est rapidement oublié)

• Tout vieux héros finit par décortiquer l'arachide de sa femme. (bambara/Mali).

• Quand on néglige la guerre, les héros sont saufs.(malinké/ Afrique de l'Ouest).

"Ceux qui, comme moi, se battent pour la liberté briseront leurs armes quand ils ne seront plus assez forts pour gagner". (Antonio

Macco, Héros révolutionnaire de Cuba, XIXe siècle - in La Diaspora noire, I. Baba Kaké).

"Le devin dit : "Chaka, tu es sur le point d'entrer au nombre des héros, oui, des héros qu'en cet instant même je contemple assis dans le lieu où ils résident, enveloppés du rayonnement de leurs hauts faits, tous les gens qui ont su donner de leur peine, quand il l'a fallu, à la sueur de leur front, et ont agi en hommes : tu es sur le point d'entrer au nombre des souverains, des rois de mon pays." (Thomas Mofolo (1875-1929 Chaka, une épopée bantou).

HISTOIRE

La trace du passé derrière les empreintes du présent. Grande ou petite histoire, peu importe.

• L'histoire obéit toujours à la loi de la continuité. (Mali).

• Le sel vient du Nord, l'or vient du Sud, l'argent vient du pays des Blancs. (Mali/Tombouctou).

"J'ai enseigné à des rois l'Histoire de leurs ancêtres afin que la vie des anciens leur serve d'exemple, car le monde est vieux, mais l'avenir sort du passé". (Mamadou Kouyaté, Griot mandingue).

"L'histoire est imprévisible précisément parce que des personnes comme Nelson Mandela et le Président De Klerk décident, par un acte de liberté d'esprit, de défier le passé pour construire l'avenir." (Federico Mayor, Directeur général de l'UNESCO, Prix International pour la recherche de la paix, le 3 février 1992 à l'Unesco de Paris).

"L'historien de l'Afrique, en ramenant à la vie le passé de ce continent, crée un capital spirituel qui constituera une source de multiforme et permanente inspiration (...) L'histoire doit être vivante et écrite pour les jeunes, à l'âge où l'imagination bâtit des rêves qui moulent les âmes pour la vie". (Joseph Ki-Zerbo, Histoire de l'Afrique Noire).

"Vivre sans histoire c'est être une épave sans racine, ou alors un arbre coupé qui cherche à se brancher sur des racines étrangères". (Histoire générale de l'Afrique, Tome 1, Unesco).

"Naguère méconnue, la tradition orale apparaît aujourd'hui comme une source de l'histoire de l'Afrique permettant de suivre le cheminement de ses différents peuples dans l'espace et dans le temps, de comprendre de l'intérieur la vision africaine du monde; de saisir les caractères originaux des valeurs qui fondent les cultures et les institutions du Continent." (Amadou Mathar M'Bow, in Histoire générale de l'Afrique, Tome 7, Unesco) Directeur général de l'Unesco.

HOMME

Qu'est-ce qu'un homme ? Un animal parmi les animaux ? Un animal plus une intelligence ? Un animal plus une conscience ? Un animal plus un langage ? L'homme dans la nature possède ce quelque chose, qui parfois, le fait ressembler à Dieu ...

Grâce à sa volonté, comme un puissant moteur, l'homme recrée le monde mais par ses outrances, il risque parfois de le détruire.

• Homme, bois de l'eau pour te rendre beau. Gave-toi de soleil pour te rendre fort. Et regarde le ciel pour devenir grand. (touareg/Mali, Niger).

• L'homme n'est rien sans les hommes, il vient dans leurs mains et s'en va dans leurs mains. (bambara/Mali).

• Que l'on soit forgeron, griot, bambara, noir ou blanc, on est tous des hommes. (bambara/Mali).

• L'homme sans patrie est un oiseau sans jardin. (Afrique du Nord).

• L'homme peut se tromper sur sa part de nourriture, il ne peut se tromper sur sa part de parenté. (malinké/Côte d'Ivoire).

• Si tous les hommes tombent d'accord, c'est meilleur qu'une sauce assaisonnée. (dogon/Mali).

• Les hommes reçoivent les bénédictions, mais c'est l'argent et les richesses qui les leur procurent. (Madagascar).

• Il y a sur terre deux créatures insatiables : l'homme de science et l'homme d'argent. (Afrique du Nord).

• Les hommes ressemblent aux pieds de bananiers : les petits entourent les aînés, les grands ombragent les cadets.

• Celui qui ne sait pas distinguer le bien du mal n'est pas un homme. (touareg/Mali, Niger).

• L'homme est comme le poivre, tu ne le connais pas avant de l'avoir mâché. (haoussa/Niger).

• Même si l'homme aux grosses fesses n'y est pas entré, le marché sera plein. (bambara/Mali).

• Certains hommes ne sont forts que chez eux : en battant leurs femmes. (Madagascar).

• L'homme qui n'a jamais construit une case a incendié le champ de chaume. (bamiléké/Côte d'Ivoire).

• Le genre humain est comme un pied de bananier : des feuilles tendres qui s'enroulent en spirale; des fruits qui montrent le ciel; l'écorce sèche qui se détache; les régimes qui pendent; mais le tout fait partie du bananier. (Madagascar).

"Les hommes sont les uns par rapport aux autres, comparables a des murs situés face à face. Chaque mur est percé d'une multitude de petits trous où nichent des oiseaux blancs (les bonnes pensées et les bonnes paroles) et des oiseaux noirs (les mauvaises pensées et les mauvaise paroles). (Amadou Hampâté Bâ, Vie et enseignement de Tierno Bockar).

"Voici de l'eau fraîche, voici de l'eau de mil blanche. Sache qu'un ancêtre qui ne laisse pas de descendant ne peut étancher sa soif, ne peut voir cette eau blanche qui rafraîchit". (Boubou Hama, in Unité de l'Afrique et son apport à la civilisation humaine).

"En l'homme noir, la vie est vêcue; la vie du sol, celle de la pierre silencieuse, de l'arbre qui saigne, celle de la biche au clair de lune qui pleure son nouveau-né arraché par les serres cruelles de l'aigle, sont l'essence même des choses pour l'homme noir. L'enfant en est l'ange qui sourit au vent, qui grandit au contact de la réalité des êtres vivants et des corps bruts." (Boubou Hama, Kotia-Nima, Tome 1).

"Au temps où Dieu créa toutes choses
Il créa le Soleil.
Et le soleil naît, meurt et revient.
Il créa la lune.
Et la lune naît, meurt et revient.
Il créa les étoiles
Et les étoiles naissent, meurent et reviennent.
Il créa l'homme
Et l'homme naît, meurt et ne revient plus".
(Chant dinka/Soudan in La Mort africaine,
Louis-Vincent Thomas)

Echo venu d'ailleurs :

"L'Eternel Dieu forma l'homme de la poussière de la terre, il souffla dans ses narines un souffle de vie et l'homme devint un être vivant." (La Bible, Genèse II, 7).

HOPITAL

Un lieu de passage pour reprendre vie ou pour la perdre.

• Un homme en bonne santé ne cherche pas un médecin. (Congo)

• Aussi longtemps que vous êtes en bonne santé, continuez à prier Dieu. (Congo).

• La femme qui accouche a un pied dans ce monde et l'autre dans le monde des morts. (mossi/Burkina Faso).

• Dieu ne casse jamais une jambe sans indiquer à la victime comment elle doit marcher. (bambara/Mali).

• Quand la maladie attrape quelqu'un, elle monte un étalon, mais quand elle s'en va, elle monte une tortue. (bambara/Mali).

• Si on ne dort pas, on ne peut rêver. (baoulé/Côte d'Ivoire).

• Si l'on n'a pas fait souper le sommeil de bonne grâce, il dînera le lendemain par son propre pouvoir. (bambara/Mali).
(Ne pas négliger le repos du corps)

• Si tu as une plaie à la tête, ne transporte pas de l'eau salée. (malinké/Afrique de l'Ouest).

• Avec des rhumatismes dans les genoux, on fait la danse du démon. (Niger).

• Deux personnes qui ont mal au dos ne peuvent se servir d'appui.(bambara/Mali).

• Si vous voyez deux personnes se battre pour un aveugle, c'est que l'une d'elles à un remède pour lui rendre la vue. (bambara/Mali).

• Si le sourd n'a pas entendu le tonnerre, il verra la pluie. (malinké/Afrique de l'Ouest).

• C'est la tornade qui soigne les pauvres par une douche généreuse. (Cameroun).

• Une tente faite de toile d'araignée est beaucoup pour qui doit mourir. (Mauritanie).

• Quand tu marches, cueilles-tu des plantes médicinales ? (Cameroun).

• Le médicament qui fait hurler le malade ferait encore bien plaisir au mort." (Malinké/Afrique de l'Ouest).

"La vie et la mort sont en nous. Elles y luttent l'une contre l'autre et comme l'eau lutte contre la terre et la terre contre l'eau." (Amadou Hampâté Bâ, Kaïdara).

"Oui, la maladie a deux sources : le visible et l'invisible. Chaque fois que l'homme entre en conflit avec le monde visible, la maladie le pénêtre. Cette maladie-là peut être vaincue par le visible : les plantes, les animaux. Lorsque l'homme entre en conflit avec l'invisible, la maladie s'installe en lui. Mais cette maladie ne peut être vaincue que par l'invisible." (Seydou Badian, Noces sacrées).

"Le soleil versait sur la terre des marmites de braise, les articulations des genoux et des chevilles devenaient dures et douloureuses." (Sembène Ousmane, Les Bouts de bois de Dieu), (Grève du Dakar-Niger de 1947-48, la longue marche des femmes des cheminots).

"On ne doit pas parler ouvertement de guérison, moins encore de notre guérison : cela n'est pas prudent, cela risque de déchaîner des forces hostiles." (Camara Laye, L'Enfant noir).

I

COMME INDEPENDANCE

Nuit glorieuse, nuit mémorable
Peuplée de pancartes et de drapeaux
Martelée de refrains et de slogans
Scandée de bravos et de mélopées.

Cette nuit-là courait
Vers la Place de l'Indépendance
Comme vague charriant la foule de Cotonou
Le même peuple comme au Togo
Le même peuple comme au Mali
Le même peuple comme au Congo.

Cette nuit-là couraient
Vers la place de l'Indépendance
Les petits enfants des enfants
Des hommes et des femmes d'antan
Marchant sur les empreintes de leurs pères
Dessinant sur le sol d'Afrique
Le même idéal, la même espérance.

O nuit multicolore nuit sonore
La voix de ceux d'aujourd'hui
Aux voix des ancêtres mêlées
Et cette immense clameur
Montant de la terre d'Afrique

"LIBERTE ! LIBERTE !"

IDEE

Une idée se partage, car si elle n'est pas exprimée, elle ne pourra pas s'épanouir comme une fleur, sous l'arbre à palabres.

• Les idées sont comme les jeunes plants de riz : si elles sont longues, elles s'enchevêtrent et si elles sont trop courtes, il en faut d'autres pour les attacher. (Madagascar).

• On répond à un discours en le prenant par le coude. (toucouleur/Sénégal).
(Saisir l'idée dominante d'un discours)

"Quand on a connu l'époque où se bousculaient toutes les idées du surréalisme, de négritude, de militantisme pour les Indépendances, on écrit d'abord de la poésie (...) En Afrique je suis constamment en état de poésie". (Paulin Joachim, in Notre Librairie N°124), Ecrivain béninois.

IMAGE

Transcription visuelle de l'idée. Elle féconde le rêve et affermit le souvenir.

• Les tatouages sur le dos sont connus de celui qui les fait et non de celui qui les porte. (malinké/Afrique de l'Ouest).

• Celui qui aime porter des tatouages, ne recule pas devant les incisions. (Cameroun).

"Le "cinémaso" ouvre ses portes ! L'écran est à ciel ouvert. Les places réservées aux Blancs sont strictement interdites aux Noirs ... Les grands frères racontent : "On a vu des hommes qui bougent sur le mur avec des chevaux qui galopent. Des voitures qui tombent dans les ravins en explosant. Des femmes blanches qui embrassent sur la bouche des bandits armés de pistolets." (Sorry Bamba, De la Tradition à la World music).

"Le cinéma est une école du soir pour nous" (...) Ce que je reproche aux films ethnographiques, c'est de nous regarder comme des insectes" (...) "Un cinéma peut être vraiment de distraction tout en ayant un contenu social." (Sembène Ousmane in L'Afrique Littéraire N°76).

"Qu'est-ce donc le Merveilleux, sinon l'imagerie dans laquelle un peuple enveloppe son expérience, reflète sa conception du monde et de la vie, sa foi, son espérance, sa confiance en l'homme, en une grande justice". (Alexis Jacques Stephen, in Bonjour et Adieu la Négritude, René Depestre).

IMPATIENCE

Le soleil brille le jour. La lune éclaire la nuit. Insensé, l'homme qui cherche la lune, à midi.

• Le jeune homme voit d'abord le ciel, ensuite, il voit la terre. (Madagascar).

• Appuies-toi sur une tige de mil avant de trouver du bambou. (malinké/Afrique de l'Ouest).

• Celui qui est impatient d'avoir un enfant, épousera une femme enceinte. (bambara/Mali).

• La lune bouge doucement mais elle traverse la ville. (ashanti/Ghana).

• Deux cents aiguilles ne donnent pas une pioche, deux cents étoiles ne font pas une lune. (yoruba/Bénin).

"L'homme se presse, sinon la volonté et la justice divines arrivent toujours tôt ou tard." (Ahmadou Kourouma, Les Soleils des Indépendances), Ecrivain ivoirien né en 1927.

INDEPENDANCE

L'Indépendance se conquiert au prix de longs efforts et se garde au prix d'une vigilance de tous les instants.

• Un seul pilier ne fait jamais une maison. (malinké/ Afrique de l'Ouest).

• Un homme tout seul peut fabriquer un toit de paille, mais un homme ne peut tout seul le poser sur les murs de la case. (malinké/ Afrique de l'Ouest).

"Mon calvaire. Je voyais dans un songe tous les pays aux quatre coins de l'horizon soumis à la règle, à l'équerre, aux compas. Les forêts fauchées les collines anéanties, vallons et fleuves dans les fers (...) Peuples du Sud dans les chantiers, les ponts, les mines, les manufactures... Et les peuples entassent des montagnes d'or noir rouge - et ils crèvent de faim. Pouvais-je rester sourd à tant de souffrances bafouées ?" (Léopold Sedar Senghor, Chaka, in Oeuvre poétique).

"L'Indépendance (au Mali) donne un élan décisif à toutes les populations. D'un coup, elle balaie la haine partisane traînant dans les esprits. Elle fait surgir la sagesse ancestrale. Elle stimule la foi pour faire germer la motivation collective. L'Indépendance, c'est aussi les regards des grandes puissances sur le Continent noir, morcellé de jeunes Etats dirigés par les Africains." (Sorry Bamba, De la Tradition à la World music).

INFIDELITE

Manquer de respect à soi, à quelqu'un ou à la parole donnée. C'est toujours une trahison.

• Une femme ne saute pas la palissade à moins qu'elle ne veuille tomber de l'autre côté. (Burundi).

• La poussière ou la cendre suit celui qui vient de la jeter. (Bénin).

• Les dents se montrent blanches en riant mais le ventre pense autrement. (Bénin).

• Le caractère est un pagne : bon ou mauvais il lie son possesseur.(Madagascar).

• Si tu vois que le petit oiseau ne boit pas au marigot, c'est qu'il trouve de l'eau dans un trou. (malinké/Afrique de l'Ouest).

• Ce n'est pas parce que la chauve-souris courtise la femme de l'hirondelle qu'elle abandonnera son vagabondage. (mossi/Burkina Faso).

"La lumière dissipe les ténèbres, l'obscurité enveloppe et avale la lumière. Qui des deux aura finalement le dessus ? Quand une famille déplore un décès, une autre fête une naissance; la ruine des uns fait la fortune des autres. " (Amadou Hampâté Bâ, Kaïdara).

INITIATION

Le maître dit, devant la case des circoncis soumis aux épreuves depuis trois jours et trois nuits :

"L'enfant est mort
Et l'homme jailli de la terre
Pour être admis parmi les initiés
Dis-moi, que veux-tu maintenant ?"

Les jeunes garçons scandent en choeur :

- Je veux être un homme !

- Puisqu'il en est ainsi, reprit le maître, en regardant chacun, droit dans les yeux, prends ton bâton de pélerin et prépare-toi pour le voyage. Je t'accompagnerai jusqu'au bord du chemin.

Les nouveaux circoncis marchent à pas cadencés derrière le maître qui bientôt s'arrête et d'une voix forte dit :

"Maintenant
Pars pour le voyage

Pars pour le voyage au creux
des eaux tumultueuses
Pars pour le voyage au gré
des vents impétueux
Pars pour le voyage au coeur
des flammes rêches
Tu renaîtras
A l'aube
Dans la grande clarté du jour
Homme
Tu es soleil aussi."

Au loin, bien loin, dans le village retentissent déja les chants et les danses des festivités qui accueilleront les nouveaux initiés.

• L'initiation commence sur la natte (dès la naissance) et s'achève dans la tombe. (peul/Mali).

• Si tu doutes de ce que disent les gens, tu ne sauras jamais la signification profonde des choses. (bambara/Mali).

• Les noix de palme que font rôtir les jeunes garçons ne s'abîment pas quand les hommes d'âge mûr sont présents. (Cameroun).

"L'initiation a pour but de donner à la personne psychique une puissance morale et mentale qui conditionne et aide la réalisation parfaite et totale de l'individu." (A. Hampâté Bâ, Aspects de la civilisation africaine).

"La société traditionnelle mandingue est hiérarchisée en classes d'âges. Chez les hommes, au sommet, se trouve le vieillard, le patriarche du clan, suivent l'adulte et le jeune homme, en général pas encore marié, le garçonnet (non circoncis) et le bébé. Pour les femmes, la vieille femme, l'épouse et mère de famille, la jeune femme mariée, la jeune fille et le bébé (...) Des codes régissaient non seulement les relations mais aussi toutes les étapes de la vie. On accédait à la connaissance et à l'éducation par les rites." (Kéba Tounkara, in Peuples du Sénégal).

Sogolon dit à son fils Soundjata (futur Empereur du Mali) :

"Tu es l'initié
Qui n'a pas eu peur du fer.
Ta place est dans la foule.
Tu es l'initié
Qui a affronté le fer sans sciller,
Ta place est au combat."
(Massa Makan Diabaté (1938-1988)
(Janjon et autres chants populaires du Mali)

Echo venu d'ailleurs :

"L'initiation comporte généralement une triple révélation : "celle du sacré, celle de la mort et celle de la sexualité. L'enfant ignore toutes ces expériences; l'initié les connaît, les assume et les intègre dans sa nouvelle personnalité." (Mircea Eliade, Le sacré et le profane).

"L'initiation devient une opération de longue haleine, un affrontement de l'homme avec lui-même qui ne cesse qu'avec la mort; elle devient une expérience qui s'enrichit de jour en jour étant en principe plus achevée dans le vieillard que dans l'adulte, plus complète dans celui-ci que dans l'enfant." (Dominique Zahan, Religion, spiritualité et pensée africaines).

INJUSTICE

L'injustice est une blessure qui ne cicatrise jamais dans le coeur d'un individu ou d'un peuple.

• Mieux vaut subir l'injustice que la commettre. (Cameroun).

• On ne cueille pas le fruit du bonheur sur un arbre d'injustice. (Mauritanie).

• On trouve toujours trop gros le morceau de galette aux mains de l'orphelin. (touareg/Mali, Niger).

• Lorsque le couscous étrangle un enfant, on dit que celui-ci mange mal; lorsqu'il étrangle un vieillard, on dit que la femme qui l'a cuit n'y a pas mis assez d'eau. (malinké/Afrique de l'Ouest).

• Si le monde devient un oeuf, il y aura toujours quelqu'un qui pourra attacher sa moustiquaire à l'intérieur. (bambara/Mali).

(Malgré la pauvreté d'un pays, les riches y vivent confortablement)

• Quand l'antilope naine a mangé des arachides, on dit que c'est le chacal qui lui a appris. (Zaïre).

• Le chat sauvage fait ce qu'il veut mais c'est au chat domestique qu'on coupe la queue. (Madagascar).

"Frontière méridionale établie en l'An VIII, sous sa majesté le Roi de la Haute et Basse Egypte, Sesostris III, qui vit toujours, afin d'empêcher qu'aucun Noir ne la franchisse soit par eau, soit par terre, soit avec un de leurs bateaux, soit avec un de leurs troupeaux, exception faite pour un Noir qui viendrait faire du commerce à Iken ou en qualité de chargé de mission. Il faut agir correctement avec eux, mais ne jamais permettre qu'un bateau de Noirs passe par Hem en descendant le fleuve. Et cela pour toujours." (Stèle gravée sur la IIème Cataracte du Nil, 2 000 Av. J.C.).

J

COMME JOIE

Mon enfant
Dans ton berceau
Il n'y a ni guirlande
ni collier de perles
ni bijou d'aucune sorte.

Il n'y a rien
Sur quoi reposer ta tête
A l'abri des mauvais augures.

Je n'ai rien à t'offrir
Si ce n'est le soleil du jour
mes cicatrices
les blessures encore vives
ma vie d'homme en gerçures
et ma Joie
parce que tu es là.

JARDIN

Une mosaïque de formes et de couleurs. La manifestation de la main de l'homme en communion avec la nature.

• Si tu es amoureux, il te suffit de humer une fleur. Si tu es rustre, entre pour ravager le jardin. (Afrique du Nord).

• On ramasse l'arachide là où elle a été semée. (malinké/Afrique de l'Ouest).

• La tige d'igname et le tuteur sont comme le doigt et l'ongle. (malinké/Afrique de l'Ouest).

• L'arbre poussé tout seul n'a pas la même ombre que celui qui est planté et taillé par l'homme. (baoulé/Côte d'Ivoire).

• Si tu plantes trop près de la rivière, attends-toi à voir tes champs saccagés par l'hippopotame. (bantou/Angola).

• Si tu veux du manioc, ne regarde pas le sommet de l'arbre. (Cameroun).

"A proximité de l'enclos familial existe presque toujours un jardin dont les soins incombent à la femme." (I.G. Dictionnaire des Civilisations africaines).

"C'est toi qui arraches un vieillard de son lit à cette heure ? C'est que tu n'as plus le sens du respect, sinon celui de tes biens. Je vais te le dire et je veux que tu saches que c'est mon dernier mot : cette terre est plus qu'un héritage, c'est le message lointain de générations et de générations d'hommes; il faudra m'y enterrer avant d'en prendre un lopin." (Tierno Monénembo, Les Crapauds-brousse).

Echo venu d'ailleurs :

"Bâtissez des maisons, et y demeurez; plantez des jardins, et en mangez les fruits". (La Bible, Jérémie XXIX, 5).

"Les croyants dont les oeuvres sont fidèles, auront les jardins d'Eden, les ruisseaux circuleront à leurs pieds, ils seront parés de bracelets d'or, vêtus de vêtements de soie verte et de brocart, accoudés sur des trônes". (Le Coran, Sourate XVIII, La Caverne, 31).

JEUNESSE

La jeunesse est l'espoir du peuple, le dépositaire des échecs du passé et des espérances de demain.

• Méprise ces trois individus : ton ami qui étale ton secret, celui qui abîme un bienfait et celui qui part de grand matin pour faire ce dont il n'est pas capable. (Afrique).

• Les oreilles grandissent mais ne dépassent jamais la tête. (dogon/Mali).
(Les jeunes doivent respecter les anciens)

• La jeune fille demandée en mariage ne racle plus les peaux de bananes avec ses dents. (Burundi).

• Si le gombo est sous le soleil, on ignore l'endroit où il sera cuit. (malinké/Afrique de l'Ouest).
(Une jeune fille ne sait pas où vit son futur époux)

• Le baobab ne grandit jamais avec les premiers piquants. (Gabon).
(Les jeunes reçoivent les conseils des anciens)

• Sans tuteur, l'igname ne peut grimper. (malinké/Afrique de l'Ouest).

• C'est le gros serpent qui se cache qui deviendra vieux. (malinké/Afrique de l'Ouest).
(Un enfant doit savoir patienter pour être initié)

• Si un petit oiseau dont les ailes n'ont pas fini de pousser essaie de voler, il sera le jouet des enfants. (bambara/Mali).

• On travaille l'argile avant qu'elle ne soit sèche. (bambara/Mali).

• Une case ne peut pas être plus vieille que sa fondation. (bambara/Mali).

• Tant vaut la matrice, tant vaudra le bijou qui y sera coulé. (peul/Afrique de l'Ouest).

"Si la jeunesse actuelle semble vouloir, à tort ou à raison, ne pas rester enchaînée au passé, elle doit cependant se pénêtrer du fait que, bien des fois, c'est de la connaissance de ce passé que l'homme tire sa sagesse, sa dignité et sa force." (Bokar N'Diaye, Les Castes au Mali).

"Fils vous êtes instruits (...) Mais nous (les anciens), nous pensons que le dialogue doit prévaloir sur le bâton ou le fusil. La communauté du dialogue a plus de longévité que celle de la colère et de la force". (Mandé-Alpha Diarra, Sahel ! Sanglante sécheresse), Ecrivain malien né en 1954.

"Il faut apprendre à se ranger du côté de ceux qui gardent leurs dents intactes, il faut rester dans ton milieu, cesse de faire le fou, il faut donner l'exemple, tu es mon fils aîné". (William Sassine (1944-1997) Le Jeune Homme de Sable), Ecrivain guinéen.

"Quand tu seras grand, tu ouvriras ta porte à l'étranger, car le riz cuit appartient à tous. l'homme est un peu comme un grand arbre : tout voyageur a droit à son ombre. Lorsque personne ne viendra chez toi, c'est que tu seras comme un arbre envahi par les fourmis rouges : les voyageurs te fuieront." (Seydou Badian, Sous l'Orage).

JUGEMENT

Jugement dernier ou jugement des hommes : lequel faut-il craindre ?

• Celui qui gardera la loi aura des cheveux blancs. (Cameroun).

• Si tu vois le péché en retard, c'est qu'il est en train de rassembler des hommes pour s'emparer de lui. (malinké/Afrique de l'Ouest).

(Le mal est puni même à longue échéance)

• Le remords ne se pousse pas en avant comme les moutons, il suit et accompagne comme le chien. (malinké/Afrique de l'Ouest).

"Vous croyez que dans la vie, on peut toujours donner des preuves ? Les lèvres se ferment de peur que la bouche ne dise tout." (Bernard Dadié, Climbié).

Echo venu d'ailleurs :

"Jeune homme, réjouis-toi en ton jeune âge, et que ton coeur te rende gai aux jours de ta jeunesse, et marche comme ton coeur te mène, et selon le regard de tes yeux; mais sache que pour toutes ces choses Dieu t'aménera en jugement." (La Bible, Ecclésiaste, XII, 1).

"Quand nous comblons l'homme de bienfaits, il se détourne, il s'éloigne. Et quand les malheurs l'atteignent, il est au désespoir. Dis : Chacun agit à sa guise mais Dieu sait celui qui suit le meilleur chemin". (Le Coran, Sourate XVIII, Le voyage nocturne, 83-84).

JUSTICE

Le maître-mot : Justice !
Justice entre l'homme et la femme.
Justice entre les gouvernants et les administrés.
Justice entre les peuples.
Le sentiment de justice est gravé au coeur de l'Homme.

• Tes fautes anciennes te nuisent en justice. (bambara/Mali).

• Qui craint la loi, vivra longtemps. (malinké/Afrique de l'Ouest).

• Quand tu lies les mains d'un coupable, il commet une faute avec ses pieds. (Cameroun).

• Quand la fraude a construit une maison, elle la détruit. (malinké/Afrique de l'Ouest).

• Avoir la même haie mitoyenne n'a jamais donné deux champs de même étendue. (malinké/Afrique de l'Ouest).

• Ce qui est dans la poche appartient au propriétaire de l'habit. (haoussa/Niger).

• Qui veut compter les plumes d'un oiseau, doit l'avoir en main. (Zaïre).

• Etre interrogé sur ce qu'on sait et dire qu'on ne sait pas, c'est mettre sa tête à l'abri. (Afrique).

• Même si tu sais que tu as raison ne te dispute pas avec le juge s'il te donne tort. (Abyssinie/Ethiopie).

• Le crime dont on se repent devient justice, mais la justice dont on se vante, devient le pire des crimes. (Madagascar).

• On attache le singe avec sa propre queue et on cuit le poisson avec l'eau dans laquelle il vit. (Togo).
(On punit autrui par là où il a péché).

"Ici bas ne triomphe en justice que le plus fort. Le faible a toujours tort et les juges, toujours convaincus, le condamnent au nom d'un mot très vague, au masque souriant, qui s'appelle l'équité. (Joseph Brahim Séid, Au Tchad sous les étoiles).

"La méthode de la non-violence est fondée sur la conviction que l'univers est du côté de la justice. C'est cette foi profonde en l'avenir

que pousse le résistant non violent à accepter la souffrance sans répliquer. Il sait que dans son combat pour la justice, il est accompagné d'une présence cosmique.(Martin Luther King (1929-1968), Je fais un rêve), Pasteur noir, Leader de la Southern Christian Leadership Conférence.

K

COMME KLAXONS

Klaxons et sirènes

En plein midi

Le cortège indifférent

Aux cris, aux clameurs

Le cortège endimanché

fardé de poudre de riz

parfumé d'alcool de rose

Accompagne comme une rumeur

Une fille

Presque femme

Une dakaroise aux yeux étonnés

Vers le sanctuaire

et la nuit des noces.

KOLA

Tu me donnes une noix de kola. Je l'ouvre et je te donne la moitié. L'amitié est avant tout partage.

• Celui qui apporte la kola, apporte la vie. (bambara/Mali).

• Ils se ressemblent comme les deux moitiés d'une kola ! (bambara/Mali).

• L'étranger ne peut pas déterrer les noix de kola cachées sous la terre. (bambara/Mali).

(Les vieillards sont seuls dépositaires du savoir)

• Celui qui ne connaît pas les noix de kola les fera sûrement griller. (bambara/Mali).

(On n'apprécie pas toujours, à sa juste valeur, le cadeau qui vous est offert)

"Les abeilles butinent un arbre en fleur, elles ne perdent jamais leur temps dans les branches que la mort a blanchies". (A. Hampâté Bâ, Contes initiatiques peuls).

L

COMME LIGNES

Les lignes de ta main
Comme un livre ouvert
Sur les prochains soleils

Mes voeux pour toi comme une offrande
en gerbes de feux
en gerbes de fleurs
en ex-voto

O mon enfant
première-né
mon enfance ignorée renaîtra
avec toi

par les sentiers aux envols
d'oiseaux de couleur

par les aurores aux parfums d'absinthe et de jasmin

par les crépuscules auréolés
d'arc-en-ciel

nous marcherons ensemble

LIBERTE

Comme un bien précieux, indissociable de la vie. Mot à graver en lettres d'or dans la pierre et sur tous les monuments érigés par l'Homme.

• C'est seulement un homme libre qui oeuvre avec patience. (Malinké/ Afrique de l'Ouest).

• On ne peut distinguer la trace du pied d'un esclave de la trace du pied d'un homme libre. (malinké/ Afrique de l'Ouest).

• L'éducation est la deuxième clé qui ouvre la porte de la liberté. (Mali).

• La poule qui n'est pas en liberté ne sait pas que l'épervier est l'ange qui lui ôte la vie. (malinké/ Afrique de l'Ouest).

"L'amour de la Liberté nous amena ici. (The love of liberty brought us here). (Devise du Libéria).

"Si vous me dites de l'abandonner (la lutte), je vous rirai au nez./Allez, proclamez-vous le champion de la justice et de la liberté et n'ayez cesse que vous ayez planté la bannière rouge-noir-vert parmi des millions d'Africains". (Marcus Garvey (1887-1940) in La Diaspora noire, I. Baba Kaké).

"La liberté n'est pas tout. Il ne suffit pas de dire jusqu'à présent vous êtes libre d'aller où vous voulez, de faire ce que vous désirez, de choisir des leaders qui vous plaisent, pour effacer les stigmates de plusieurs siècles. On ne libère pas une personne qui a vécu des années dans les chaînes pour la mettre sur la ligne de départ d'une compétition et lui dire : vous êtes libre de concourir avec tous les autres". (Lyndon Johnson (1908-1973) Président des Etats-Unis, Juin 1965 - in La Diaspora noire, I. Baba Kaké).

"La liberté dont vous vous glorifiez vous impose de plus grandes obligations que l'esclavage d'où vous sortez"."En me renversant, on n'a abattu à Saint Domingue que le tronc de l'arbre de la liberté des

Noirs. Il repoussera par les racines parce qu'elles sont nombreuses et profondes". (Toussaint-Louverture (1743-1803 - mort en captivité) Général haïtien et Président de la République de Haïti de 1800 à 1802, Première République noire du monde - in La Diaspora noire, I. Baba Kaké).

"Quand nous aurons permis aux carillons de la liberté de s'élever de toutes les villes, de tous les hameaux, de tous les Etats, de toutes les cités, nous pourrons hâter le jour où tous les enfants de Dieu, les Noirs et les Blancs, les Juifs et les gentils, les protestants et les catholiques, pourront se prendre par la main..." (Martin Luther King, La force d'aimer).

"Libérés des prisons ou des chaînes coloniales, nous devons tous répondre à la question : qu'est-ce que chacun de nous, individus ou nations, avons fait de notre liberté ? (...) Notre continent est celui des enfants qui dévorent les vies humaines, des millions de réfugiés, des crises économiques, des théories fumeuses et des rêves brisés... Nous n'avons pas su utiliser la liberté que nous avons arrachée". (Nelson Mandela, 30ème anniversaire de l'OUA, 1993, Jeune Afrique N°1699), Prix Houphouët-Boigny en 1992, Prix Nobel de la Paix en 1993, Président de l'Afrique du Sud depuis 1994.

"La liberté sans le civisme, la liberté sans la capacité de vivre en paix, n'était absolument pas la vraie liberté". (...) Toute maison dans laquelle un homme est libre est un château même à côté de la plus belle prison." (Nelson Mandela, Un long chemin vers la liberté).

"Libres, Seigneurs, libres !...
Merci, Dieu tout Puissant... Enfin Libres !
(Alex Haley (1921-1992), Racines/Roots)
Ecrivain noir américain

"Ile de mes Ancêtres,
Ce mot, c'est mon salut.
Ce mot, c'est mon message.
Ce mot claquant au vent

sur l'extrême éminence !
Un mot.
Du milieu du zénith
un papangue ivre fonce,
siffle
aux oreilles des quatre espaces :
Liberté ! Liberté ! Liberté ! Liberté !
(Jacques Rabemananjara, Antsa)

LUMIERE

La lumière est une magie dissipant les ténèbres.

Comme une bougie qui tremble et veille sur les chuchotements de deux amants.

Comme une lampe à huile que promène un garçon dans un marché de nuit, quelque part, du côté de Conakry.

Comme une féerie dans le palais éclairant les vanités et l'orgueil des princes de ce monde.

Lumière, comme la flamme portée jusqu'à l'Olympe par le coureur infatigable.

Lumière toujours, qui brille dans notre temple intérieur.

• Une bouchée de lumière qui augmente ta connaissance est une semence magnifique. (Afrique du Nord).

• La lumière jaillit de l'immensité incommensurable du ciel comme elle peut jaillir tout aussi bien de deux petits galets frottés l'un contre l'autre. (bambara/Mali).

• Moins l'homme mange, plus son coeur s'emplit de lumière. (Egypte).

"Nous sommes du pays où la lune puise chaque nuit de nouvelles forces sur les cîmes neigeuses et y prend sa belle lumière blanche". (Paroles des Pygmées/Centrafrique).

"Le soleil est unique, mais ses rayons se multiplient dans toutes les directions, afin que nul ne soit privé de sa lumière." (Amadou Hampâté Bâ, Aspects de la Civilisation africaine).

Echo venu d'ailleurs :

"La lumière de Dieu est pareille à une niche avec une lampe, une lampe dans du verre, du verre comme un astre étincelant". (Le Coran, XXIV, 35).

M

COMME MAINS

Mes mains malhabiles
Ne savent quoi écrire
Mes mots mal à l'aise
Ne savent quoi dire
Mon visage de chien afghan
N'est pas minois de prince charmant.

Alors alors comment vous dire
Mes rêves, les rêves des nuits heureuses
Lorsque je pouvais à loisir
Baiser et vos lèvres et vos dents
Caresser le velours de vos jambes
Admirer vos petits seins de vierge nubile
Dire à vos oreilles des paroles interdites
Et me réveiller dans le parfum de votre sourire.

MAGIE

Emerveillement dans les yeux d'un enfant. L'extraordinaire soudain dans la banalité du quotidien. Pourquoi faut-il qu'elle soit blanche ou noire ?

• Ni la magie ni la fortune ne sont mauvaises en soi, c'est leur utilisation qui les rend bonnes ou mauvaises. (malinké/Afrique de l'Ouest).

• Bien que sachant écrire, le blanc n'a pu comprendre les pratiques du sorcier. (Congo).

• Ton sorcier est chevillé à ton corps. (Cameroun).

• Deux à deux est la devise de l'oiseau solidaire mais chacun pour soi est celle de l'oiseau sorcier. (Congo).

• La bouche crée le fétiche. (dioula/Côte d'Ivoire).

• A chaque fétiche, sa prière d'offense. (bambara/Mali).

• C'est la chance qui fait l'oracle faste. (Rwanda).

• Le meilleur fétiche pour une bonne récolte, c'est une calebasse de sueur. (Zaïre).

• Quand un magicien s'attaque à un autre magicien la lutte sera longue. (peul/Afrique de l'Ouest).

• Si le vieux sorcier ne meurt pas dans une épreuve de poison, le glaive de Dieu en viendra bien à bout. (Zaïre).

• La richesse qui rentre vaut mieux que celle que le devin a annoncé. (Burundi).

• La viande qui est votre tabou ne se partage pas avec les dents. (Bénin).

(Le respect des choses interdites est recommandé)

• La maison du sorcier n'est pas un lieu d'amusement pour un enfant. (bambara/Mali).

• Les sorciers ne se mangent pas entre eux. (bambara/ Mali).

• La malédiction est pire qu'une attaque armée. (Rwanda).

• Le jeune coq sans duvet mange le remède mais ne va pas chez l'épervier devin. (mossi/Burkina Faso).

• Vivre avec les autres c'est les aimer et tout partager avec eux, ce sont les sorciers-guérisseurs qui vivent et mangent en solitaires. (Kenya).

"La magie africaine est un art toujours très délicat et dangereux, mais moralement neutre ou ambigü : il se qualifie en bien et en mal essentiellement par l'usage qu'en fait son détenteur." (P.A. Dictionnaire des Civilisations africaines).

"La bonne magie, qui n'est pas celle des sorciers, mais celle des initiés et des maîtres connaisseurs, vise à purifier hommes, bêtes et objets, afin de remettre les forces en ordre par le truchement de la parole." (S. Exc. A. Hampâté Bâ, in Histoire générale de l'Afrique, 1 Méthodologie et préhistoire africaine, Unesco).

"Un grand féticheur perd confiance en ses sortilèges quand il s'attaque à un homme doté d'une longue vie par Dieu". (Massa M. Diabaté, L'Assemblée des Djinns).

"Retenez les flots, maîtrisez leur criminelle colère s'élevant du fond du lac, grands dieux tout-puissants qui avez présidé à ma naissance. Guidez mon bambou, ne rompez pas sa souplesse, menez à bon port la barque ainsi que sa charge et j'immolerai pour vous coqs et poulets vierges et, s'il le faut, la première chèvre que mes yeux rencontreront sera aussi pour vous." (Olympe Bhêly-Quénum, Le chant du lac).

MAIN

La main, un outil au service de l'homme depuis le premier matin.

• La main est la pagaie des membres. (malinké/Afrique de l'Ouest).

• La paume de la main ne trompe pas quelqu'un. (malinké/Afrique de l'Ouest).

• Le poing tue le hérisson mais la main n'ose pas. (peul/Afrique de l'Ouest).

• La main qui n'a pas de soeur n'ouvre pas un double noeud. (Mauritanie).

• La main que tu ne peux couper, baise-la. (touareg/Mali, Niger).

• Si ton ventre n'est pas plein, interroge ta main. (Cameroun).

• C'est le ventre qui lie les mains et enchaîne les pieds. (Mauritanie).

• Avec une seule main il est impossible de monter au palmier. (Cameroun).

• Celui qui se donne la peine de se pencher ne se relève pas la main vide. (Burkina Faso).

• De l'arbre de la parole le fruit est tombé, mais la main ne le voit pas. (songhay/Mali).

• La main du commerçant ne fait pas de trous au fond de sa poche. (Mauritanie).

• J'accroche un objet là où ma main peut l'atteindre. (Bénin).

• Ce sont les deux mains qui se lavent ensemble, une seule ne peut se laver. (bambara/Mali).

• Si tu plantes un être humain, il te déracinera de sa main. (Egypte).

• Si on te dis de réduire le néré en poudre, sache que tu n'es pas le seul à avoir les mains propres. (bambara/Mali).

• On peut enlever sa main de la main de son ennemi sans la tirer. (bambara/Mali).

• Un disciple doit être à la disposition de son cheick comme le cadavre entre les mains de son laveur. (malinké/Afrique de l'Ouest).

• Quand le doigt ne sait où aller, il entre dans le nez. (bété/Côte d'Ivoire).

• Avoir de beaux doigts ne donne pas le droit de manger avec un chef. (Congo).

• Si un aveugle dit d'attraper des mouches, c'est qu'il en a dans la main. (malinké/Afrique de l'Ouest).

• Personne ne met la main dans l'oeil d'un serpent. (malinké/Afrique de l'Ouest).

• Une main grandie dans une autre main ne reste pas dans une autre. (bambara/Mali).
(En grandissant, un enfant s'émancipe)

"*Vois :*
l'Afrique n'est plus
au diamant du malheur
un noir coeur qui se strie;
notre Afrique est une main hors du ceste, (courroie)
c'est une main droite, la paume devant

c'est une main tuméfiée,
une blessée-main-ouverte,
tendue,
brunes, jaunes, blanches,
à toutes mains, à toutes les mains blessées
du monde.
(Aimé Césaire, Pour saluer le Tiers-Monde/Ferrements)

MAITRE

Le maître est celui qui montre le chemin et dont les conseils vous accompagnent le long du voyage. Il est la référence dans les moments de doute. Ses paroles sont le réconfort dans les drames et les peines.. Il n'est pas le père. Il est le guide.

• Un homme qui a pour amies la chance et la raison et qui aime la vérité peut devenir le maître de toutes les villes du monde. (Ethiopie).

• Le maître d'un peuple est celui qui le sert. (malinké/Afrique de l'Ouest).

• Celui qui a un maître n'est pas le maître de celui qu'il porte sur le dos. (dioula/Côte d'Ivoire).

• Ce qui sort de la bouche perd son maître. (Gabon).

• Ce qui convient à celui qui prie, c'est de demander à son maître le paradis et de le sauver de tout ce dont il a peur, mais exprimer le désir de devenir prophète, cela appartient à l'effronterie. (peul/Afrique de l'Ouest).

• Si grand que soit le grenier intérieur, qu'il ne méprise pas la pierre sur laquelle il est posé, sinon il tombera. (malinké/Afrique de l'Ouest).

• Là où le maître de la maison est absent, les crapauds grimpent aux bananiers. (Tanzanie).

• Il n'y a pas de place pour deux caïmans mâles dans le même marigot. (Côte d'Ivoire).

• Deux léopards ne se promènent pas dans la même forêt. (Congo).

• Deux coqs ne s'entraînent pas à gratter la terre. (malinké/Afrique de l'Ouest).

• Deux foudres ne partagent pas le même nuage. (Burundi).

• L'oeuf qui demeure chez son maître ne se brise pas. (Abyssinie/Ethiopie).

• La libellule va et vient au-dessus du marigot, mais c'est le têtard qui en est le maître. (Madagascar).

"En Afrique, l'enseignement n'est pas donné d'une manière systématique à la manière occidentale moderne, c'est-à-dire avec un programme progressif échelonné et bien réparti dans le temps. Ici, l'enseignement élémentaire, moyen ou supérieur est donné en même temps, selon les événements et les circonstances. La vue d'un événement incite le maître à en tirer des leçons pour ses élèves, en fonction de leur état de compréhension." (Amadou Hampâté Bâ, in Postface, Contes initiatiques peuls).

"... Reste dans la cité et vis parmi les hommes;
de ton bon travail qu'ils aient le bénéfice.
Un sage de Dieu qui vit à l'écart
est comme une source en pleine brousse :
on ne peut l'atteindre, y boire, ni s'y laver."
(L'éclat de la grande étoile, A. Hampâté Bâ)

MARABOUT

- Pourquoi, ne voit-on des marabouts qu'en Afrique ?
- En Afrique, mon fils, répond le père, Dieu a créé de drôles d'oiseaux ...

• La grande barbe et le long chapelet ne font pas le marabout. (malinké/Afrique de l'Ouest).

• Si on ne consulte jamais un marabout, il ne peut donner des sacrifices en échange d'offrandes.(bambara/Mali).

(Son rôle consiste à recevoir des offrandes)

• Dire "au nom de Dieu" ne tire pas le marabout du puits. (malinké/Afrique de l'Ouest).

• Si le marabout entend siffler une balle, il n'aura plus le temps de vocaliser. (peul/Afrique de l'Ouest).

• Si tu as l'intention de consulter un marabout pour qu'il fasse un travail sur ton ennemi, ne te dérange pas si tu vois ce dernier rentrer dans un bar, car à ce moment-là, tu as gagné! (bambara/Mali).

• L'écrit du marabout se gâte mais ce qui est écrit sur la tête ne se gâte pas. (malinké/Afrique de l'Ouest).

(Le destin est inaltérable)

• On ne peut, avec un boubou, grimper aux palmiers. (dioula/Côte d'Ivoire).

(Le vin de palme, comme tout alcool, est interdit dans l'islam)

"*Celui qui apprendrait par coeur toutes les théologies de toutes les confessions, s'il n'a pas de charité dans son coeur, pourra considérer ses connaissances comme un bagage sans valeur.*" *(Tierno Bokar, Le sage de Bandiagara).*

MECHANCETE

La méchanceté est une salissure de l'âme.

• La méchanceté est un lion qui se jette d'abord sur son maître. (peul/Afrique de l'Ouest).

• Lorsque le verbe se fait aussi tranchant qu'un rasoir il devient une guigne pour la bouche de celui qui l'émet. (bambara/Mali).

• Le méchant désire les ténèbres, mais les ténèbres font de lui un aveugle. (Madagascar).

• Le méchant ne connaît pas Dieu si ce n'est que lorsqu'on lui met des fers aux pieds. (Afrique).

• Avant de mettre un scorpion dans sa bouche, il faut avoir bien disposé sa langue. (peul/Mali).

• Si tu fuis un cavalier, fuis-le avant qu'il ait été mis au monde. Si tu chasses un méchant, chasse-le avant de l'avoir vu. (Afrique).

• Si quelqu'un t'a mordu, il t'a rappelé que tu as des dents. (peul/Afrique de l'Ouest).

• Si la femme adultère a ri de la femme qui s'est fait engrosser, c'est sûrement que ce qu'elle a semé n'a pas poussé. (peul/Afrique de l'Ouest).

• On use du pagne d'une autre pour s'en ceindre les reins et voilà qu'il contient les poux blancs dont on sera dévoré ! (Madagascar).

• Un bélier qui tient à charger ne se soucie pas qu'on lui ait scié les cornes. (Côte d'Ivoire).
(Les corrections n'ont aucun effet sur un méchant)

• L'hyène a dit : "Partout où tu as vu des trous de lutte au milieu des chemins, sache qu'un bienfait a été payé par une méchanceté". (malinké/Afrique de l'Ouest).

• Le mal est pareil à une égratignure faite en se grattant : le regret vient s'y ajouter. (Madagascar).

• En quelque endroit où le phacochère est allé, il s'en est allé avec des défenses. (malinké/Afrique de l'Ouest).

• Le tamarin grandit avec son acidité. (malinké/Afrique de l'Ouest).

• Le bâton atteint les os mais n'atteint pas les vices. (Burundi).

"Si tu es plus haut, c'est une injure, si tu es à son niveau, une menace, si tu es plus bas, il t'écrase." (Seydou Badian, Le Sang des masques).

MENSONGE

Le mensonge est un signe de faiblesse. Il ne dure qu'un temps. Il est père du soupçon et de la méfiance.

• Celui qui veut mentir, éloignera le témoin. (toucouleur/Afrique de l'Ouest).

• Si tu caches à toi-même ta cécité, les bambous du toit t'en assureront. (malinké/Afrique de l'Ouest).

• Vous croyez à la sécheresse, Dieu a fait pleuvoir, qui veut mentir n'a qu'à parler du temps. (Madagascar).

• Celui qui vise le soupçon, s'il tire, frappera le mensonge. (malinké/Afrique de l'Ouest).

• Si le mensonge donne des fleurs, il ne donne pas de fruits. (Sénégal).

• La corde du mensonge est courte. (Afrique du Nord).

• La tromperie, si elle a fait dîner, ne fera pas souper. (peul/Afrique de l'Ouest).

• Si le mensonge fait cent jours de marche, au moment

même où la vérité se lèvera, elle le rattrapera en un jour. (bambara/Mali).

• Si le mensonge suit le chemin, la vérité bifurquera dans les herbes. (mossi/Burkina Faso).

• Le mensonge est comme le sable : il parait doux quand on s'y couche, mais dur quand on se lève. (Madagascar).

• Les traces de la pirogue ne restent pas sur l'eau. (malinké/Afrique de l'Ouest).

"- Hééé, tu es une mauvaise graine. J'ai eu raison de croire que tu ne portes pas la bénédiction. C'est ta bouche qui me l'a toujours fait croire; jamais dans le village, quelqu'un n'avait eu une bouche aussi large." (Tierno Monénembo, Les Crapauds-brousse), Ecrivain guinéen né en 1947.

"La parole est tout.
Elle coupe, écorche.
Elle modèle, module.
Elle perturbe, rend fou.
Elle guérit tout ou tue net.
Elle amplifie, abaisse selon sa charge.
Elle excite ou calme les âmes..."
(Komo-Dibi, le chantre malien du Komo, in
Les Sages dépossédés, L.V. Thomas/R. Luneau)

MERE

La mère qui donne la vie, la mère qui nourrit, la mère qui soigne, la mère qui console, la mère comme un refuge, dernier rempart contre l'adversité. La mère encore et toujours, comme une divinité des jours ordinaires.

• Tout ce que nous sommes et tout ce que nous avons, nous le devons une fois seulement à notre père, mais deux fois à notre mère. (bambara/Mali).

• Toute mère est un fleuve. (bambara/Mali).
(Sa générosité est sans limite)

• Le dos de la mère est le remède de l'enfant. (wolof/Sénégal).

• Si nue que soit la mère, l'enfant lui dira sûrement : "Couvre-moi !". (Madagascar).

• Celui qui n'a pas de mère doit tout garder dans son coeur. (malinké/Afrique de l'Ouest).

• Celui qui a refusé de comprendre quoi que sa mère ait dit, comprendra ce que malheur aura dit. (peul/Afrique de l'Ouest).

• Une mère de famille n'a pas le temps de voyager mais elle a le temps de mourir. (Sénégal).

• Si une femme accouche d'un serpent, elle l'attache comme une ceinture pour ne pas s'en séparer. (bambara/Mali).

• La mère de famille, qui est couchée dans sa chambre, a les pieds dans la rue. (Côte d'Ivoire).
(Les enfants perturbent souvent le voisinage en jouant dehors)

• La mère de celui qui creuse les tombes ne peut mourir et manquer de sépulture. (mossi/Burkina Faso).
(La bonté est toujours récompensée)

• L'enfant qui réussit est le fils de tout le monde, le délinquant n'appartient qu'à sa mère. (bambara/Mali).

• Ce n'est pas la bouche, mais le pied qui trace le sentier de la parenté. (bambara/Mali).

• Si la pâte n'adhère pas à la marmite, elle adhère néan-

moins à la spatule. (malinké/Afrique de l'Ouest).
(L'hérédité marque chaque personne)

• Le baobab est immense, une graine en est la mère. (sérere/Sénégal).
(Quelque soit la grandeur de l'homme, une femme l'a porté)

"Je cessais d'être l'enfant nu de huit ans. Je courus vers ma mère pour qu'elle me protégeât (...) Mon fils, tu iras à Tèra, Dieu veillera sur toi. Là-bas, tu éviteras de quitter ou de perdre tes gris-gris; n'aie pas peur, mon enfant, ils te protégeront contre la malignité des hommes et de la "brousse", contre toutes les entraves à ton bonheur." (Boubou Hama, Kotia-Nima, Tome 1).

"Gloire à toi, femme, immense océan de tendresse, bénie sois-tu dans ton effusion de douceur ... Soyez louées, femmes, sources intarissables, vous qui êtes plus fortes que la mort." (Sémbène Ousmane, La Mère).

MESSAGER

Il vient de loin. Parfois on ne sait pas d'où il vient. Il dit des mots ineffables, il dit des vérités essentielles. Et puis, un jour, il s'en va.

• On ne lapide pas le messager. (bamiléké/Cameroun).

• Le messager laisse reposer ses pieds, mais pas son coeur. (Nigéria).

• On craint l'envoyé à cause de celui qui l'envoie. (Afrique).

• La nouvelle vient toujours du soleil levant. (Mali).

"Le message est un bien lourd fardeau. Les uns ploient sous cette charge; les autres vous l'apportent dans un état de délabrement total, et certains l'abandonnent en cours de chemin". (Massan M. Diabaté, L'Assemblée des Djinns).

"Mon message est que nous sommes tous -Continents, races, nations et civilisations- embarqués dans le même destin (...) Il nous faut nécessairement être solidarisés : il nous faut faire plus, en cultivant nos différences pour nous enrichir mutuellement. Nous sauver en créant une troisième voix, celle de l'"accord conciliant" qui, seul, nous fera plus homme, car plus-être au service de la Civilisation de l'Universel".(Léopold Sédar Senghor, La poésie de l'action).

" (Pour un couple) Si un message (de l'envoyé d'un père) n'élève pas l'homme et la femme au-dessus d'eux-mêmes, ils deviennent bien souvent, dans leur case, deux lions pris au piège; et deux lions pris au piège s'entre-déchirent parce qu'ils perdent le sens des choses." (Seydou Badian, Noces sacrées).

MORT

La mort n'est pas une fin. Elle est un commencement d'éternité.

• Celui qui dit : "je me sauve, la mort est là", se fatiguera les jambes. (Afrique).

• Si mon père m'appelle, je courberai la tête. Si Dieu m'appelle, je me léverai, je plierai ma natte et je répondrai à son appel. (malinké/Afrique de l'Ouest).

• Souviens-toi qu'au moment de ta naissance tout le monde était dans la joie et toi dans les pleurs; vis de manière qu'au moment de ta mort, tout le monde soit dans les pleurs et toi dans la joie. (Afrique du Nord).

• Les morts qui n'ont pas de vivants sont malheureux, aussi malheureux que les vivants qui n'ont pas de morts. (Afrique).

• De son vivant, il avait besoin d'une datte, et mort, on lui suspendit au-dessus de sa tombe un régime de dattes ! (Afrique du Nord).

• La mort est dans les plis de notre manteau. (sénoufo/Côte d'Ivoire).

• La mort est toujours une chose nouvelle. (bambara/Mali).

• La mort n'est pas plus une défaite que la vie est une victoire. (Madagascar).

• La mort, c'est comme la lune, on n'en voit qu'une seule face. (malinké/Afrique de l'Ouest).

• La mort se repait des vivants comme le lion dévore l'homme. (Tanzanie).

• Le collier de la mort ne se refuse au cou de personne. (Bénin).

• A l'heure de la mort aucun homme ne cherche à tromper. (Afrique du Nord).

• Ceux qui sont morts n'ont qu'une avance de temps, car la route est commune. (Madagascar).

• Un homme meurt sans causer au monde aucun dommage. (bambara/Mali).

• L'homme vient faire le marché sur terre, le pays des morts est notre pays d'origine. (Bénin).

• L'homme ne refuse pas un soupir à la mort qui arrive. (Burundi).

• Tout homme qui marche agonise; la mort suit l'homme comme sa silhouette. (baoulé/Côte d'Ivoire).

• La mort est la ration de Dieu, elle sert aux uns aujourd'hui ce que les autres reçoivent demain. (Côte d'Ivoire).

• La mort mange la chair, réduit les os en cendres, mais contre une bonne renommée, elle est désarmée. (malinké/Afrique de l'Ouest).

• La mort à laquelle on a toujours pensé n'en surprend pas moins celui qu'elle vient visiter. (Madagascar).

• Si tu vois un crapaud couché sur le dos, ce n'est pas le plaisir qui l'a terrassé. (bambara/Mali).

• Un petit fruit vert tombe parfois avant celui qui est mûr. (Sénégal).

(La mort emporte aussi les jeunes)

• Si un testament s'en va une fois qu'il a marché, il s'en va néanmoins mendier ailleurs. (Burundi).

(La mort n'arrête jamais)

• Bel enterrement n'est pas Paradis. (créole/Antilles).

• La mort ne bat pas le tam-tam. (Afrique).

• Si la mort n'était pas un regret, les souris ne prendraient pas la peau d'un chat pour en faire un tapis de prière. (bambara/Mali).

"*La mort ne s'éprouvant pas comme une fin en soi, l'Africain accepte la mort de l'homme puisqu'elle ne met pas en cause un destin.*" *(J.M. Dictionnaire des Civilisations africaines).*

"*La mort n'existe pas dans la civilisation africaine. Elle est perçue comme un simple déménagement. On quitte une demeure pour une autre. Dans la philosophie africaine, la mort n'épuise pas l'âme, même si elle épuise le corps.*" *(Amadou Hampâté Bâ, Sur les traces d'Amkoullel l'enfant peul).*

"*Les morts ne sont partis nulle part ... ils sont là, ils nous tournent tout juste le dos (...) L'évocation des ancêtres fait entrer le défunt dans une grande ère de relations et associe les membres de la famille vivants à cette force spirituelle cosmique, qui n'est rien d'autre que l'expression de l'harmonie et de la solidarité humaine dans la vie et la mort". (Femmes africaines du Troisième âge, in Almanach africain 1984, A.C.T.T.).*

"De même qu'une jarre remplie d'eau, en se brisant, répand son eau, de même, l'homme en mourant, répand sa vie". (Chant Zéla/Zaïre).

"Il est imprudent de prêter à crédit la mort : c'est ta propre vie qu'elle te remettrait en paiement". (Naba Zanna/Royaume de Ouagadougou/Burkina Faso actuel, XVIe siècle).

"Je ne peux pas vivre dans la peur; s'il y a une peur que j'ai dominée, c'est celle de la mort". (Martin Luther King).

"Gens de Dieu, vous êtes avertis. On meurt lucidement, car la mort est violence qui triomphe, négation qui s'impose. Que la mort, dès à présent soit familière à vos esprits". (Cheikh Hamidou Kane, L'Aventure ambiguë).

> *"Toi qui est déjà en route,*
> *Montre aux autres comment aller chez le Dieu des Morts...*
> *Oui, le voilà ! Il est en train d'arriver;*
> *Il est en route,*
> *Préparez pour lui une demeure,*
> *Et aussi pour nous*
> *Car nous viendrons le rejoindre".*
> *(Incantation de Mbala/Zaïre*
> *in La Mort africaine, L. V. Thomas)*

MUSIQUE

La musique est la respiration de l'âme. Le souffle du divin qui transcende les sons et les transforme en jouissance inouie.

La musique nous accompagne tout au long de la vie, les jours de peine comme les jours de joie, les jours de deuil comme les jours de noces.

• Un village sans musique est un village mort. (Afrique).

• Si la musique est de huit mesures, l'eau est la cadence. (dogon/Mali).

• Les castagnettes et la clochette ne perdent pas leurs voix entre les mains d'un jeune homme averti. (Bénin).

"Un enseignement pour les vivants et bercer le sommeil des morts." (Frédéric Pacéré Titinga, Berceuses de l'Afrique centrale), Ecrivain burkinabé né en 1943 - Grand prix littéraire d'Afrique noire en 1982.

"La danse et le chant parmi les Nègres et les négresses le plus que se peut; l'exercice assouplit les membres, éloigne le scorbut et l'ennui; le chant donne de la gaieté, vrai baume de santé". (Article 12, Documents du XVIIIe remis aux Commandants des Navires négriers).

"Aux Etats-Unis d'Amérique, la musique des anciens captifs constitue encore un véritable fonds artistique que les Noirs ont offert au monde. Chacun connaît les Negro spirituals, dans lesquels les esclaves exprimaient tout à la fois leurs souffrances et leurs espoirs de connaître un jour le monde meilleur tant vanté par la religion de leurs maîtres." (La Traite négrière, in Almanach africain 1984, A.C.T.T.).

"Le Jazz vient des esclaves : il s'agit d'une musique ancienne transmise par la Tradition orale, de chants que les esclavagistes utilisèrent pour rythmer le travail de leurs captifs (...) Le Jazz est donc essentiellement une musique de protestation, créée ou redécouverte par un peuple opprimé." (Préservation et promotion du patrimoine traditionnel de l'Afrique noire, in Almanach africain 1984, A.C.T.T.).

"Je veux créer la musique du Nègre américain"(...)"Ce qui faisait fureur à l'époque, c'était le ragtime et je baignais dans cette musique. James P. Johnson était le maître, incontestablement, mais

il y avait un tas d'excellents pianistes de ragtime à Washington, ma ville natale (...) vraiment des types terribles". (Duke Ellington (1899-1974) célèbre pianiste noir américain, in Les grandes interviews de Jazz hot, F. Postif).

"... Toi J.C. (John Coltrane) qui buvais tant avant, toi qui as goûté à toutes les drogues de ce monde, à toutes les femmes, la musique t'a permis d'abandonner la boisson et les stupéfiants; ta musique te suffisait, trop même quand tu parlais de ce voyage que tu voulais faire en Afrique, à la Source" (...)." L'artiste laisse à chaque individu le plaisir de se découvrir et découvrir en même temps que lui ces choses merveilleuses et extraordinaires qui doivent exister quelque part dans l'univers." (Emmanuel Dongala, Jazz et vin de palme), Ecrivain congolais né en 1941.

"J'aime tous les genres de musique mais celle née de ma chair et de mon sang me va droit au coeur (...) Ce qu'il y a d'étrange et de beau dans la musique africaine, c'est qu'elle vous redonne courage même si elle raconte une histoire triste (...) elle vous redonne espoir (...) La politique peut être renforcée par la musique, mais la musique a une puissance qui défie la politique." (Nelson Mandela, Un long chemin vers la liberté).

N

COMME NOIR

Noir
tu es comme la seiche
et l'encre de ta peau
pour cacher ta pudeur
Comme la seiche mon ami
Comme la seiche
tu ne trompes plus personne
et tu es nu mon ami.

Noir
tu es comme le chien
et le feu de tes pattes
pour traîner derrière
transhumances blanches
comme le chien mon ami
comme le chien
tu vas de Madiana à Bahia
et tu es esclave mon ami.

Noir
tu es comme le caméléon
et la couleur du maître
pour sauver les apparences
Comme le caméléon mon ami
Comme le caméléon
tu cherches une âme
et tu es seul mon ami.

Noir
tu es comme la danse
et le galbe de ton corps
pour rythmer la vie
comme la danse mon ami
Comme la danse
tu sais parler à Dieu
et tu es puissance mon ami.

NOBLESSE

Riches ou pauvres, la noblesse est l'idéal qui nous est proposé. Noblesse des gestes de l'amitié et de la fraternité. Noblesse des sentiments et des pensées où il n'y a pas de place pour la haine.

• Le noble n'aime pas la honte. (malinké/Afrique de l'Ouest).

• C'est bien d'avoir mère noble et père noble, c'est mieux d'être noble soi-même. (wolof/Sénégal).

• Si les doigts ont trituré des légumes amers ils ne tritureront jamais une motte de beurre. (Rwanda)
(Le roturier n'est ni pasteur ni noble)

• Un noble déchu ne souffre pas qu'un roturier de talent soit honoré. (Madagascar).

• Un noble qui fait acte de soumission envers un autre noble ne perd pas pour autant sa noblesse. (Madagascar).

• Avec un noble, il suffit d'un clignement de l'oeil, avec un roturier, il faut le poing. (Mauritanie).

• La pirogue ne tient pas compte de la noblesse : tous ceux qui chavirent sont mouillés. (Madagascar).

• Porter le même nom ne signifie pas jouir du même renom. (malinké/Afrique de l'Ouest).

• Un ancien riche, quelque soit sa pauvreté, continue toujours à s'habiller avec trois vêtements : un tricot de peau, un petit boubou, un grand boubou. (bambara/Mali).

• Le caméléon n'abandonne jamais la démarche royale. (Cameroun).

"Quand on parle de noblesse,
il ne s'agit pas d'un vieux tambour qui frappe entre ses jambes
en criant : Je suis noble !
Quand on parle de noblesse,
il ne s'agit pas d'une corde dont on pourrait attacher un homme !
Quand on parle de noblesse,
C'est de
la parole,
du caractère,
et des actes d'un homme qu'il s'agit !"
(Griot Taïrou Bambéra, L'Election de Mamari Biton Koulibali),
Fondateur du Royaume bambara de Ségou/Mali.

O

COMME OISEAU

Et toi
Oiseau de liberté
Tu lustres obstinément tes plumes grises
Hier encore ailes d'Albatros

Voici que
Tu fais à la tombée de la nuit
Des sautillements de manchots

Où sont les mots d'antan
Qui disaient l'orgueil et la force ?
Rien que des ombres à présent
Dans ton enclos désert
Tu es enfant du silence
L'enfant d'un peuple
Réduit au silence
Depuis si longtemps déjà

OR

Certains courent à la recherche de l'or. Comme à un dieu inexorable, ils lui sacrifient tout. En fin de compte, que leur reste-t-il ? L'éphémère vanité de la puissance ou de la gloire?

• Chaque homme que je connais est de l'or que je ramasse. (Mali).

• Lorsque la porte de l'amour est fermée, passe par celle de l'or. (Afrique du Nord).

• Parle d'or à celui qui le connaît. (malinké/Afrique de l'Ouest).

• L'or est le socle du savoir, mais si vous confondez le savoir et le socle, il tombe sur vous et vous écrase. (peul/Afrique de l'Ouest).

• Au lieu de mettre tes pépites d'or aux pattes du calao, mets-les à celles de la poule. (malinké/Afrique de l'Ouest).

• L'heure matinale a de l'or dans la bouche. (Centrafrique).

• L'or et le laiton : leur apparence est la même, mais la noblesse les sépare. (malinké/Afrique de l'Ouest).

• Bien que l'or soit tombé dans la poussière, il ne se lasse pas de briller. (Madagascar).

"L'or que je viens de vous donner, employez-le bien,
Vous y trouverez tout, si vos actes sont droits;
même l'échelle qui conduit jusqu'aux cieux
et les escaliers qui mènent au sein de la terre".
(Amadou Hampâté Bâ, Kaïdara).

P

COMME PRIERE

Prière pour que la nuit vienne
Avec son manteau de sortilèges
Nous écouterons le vent et le chant des passereaux
Ta tête contre mon coeur
Tes yeux fermés sur je ne sais quels présages

Nous écouterons
Ce disque de Coltrane
Hanté des bruits d'Afrique
Le froissement des lèvres de la forêt
Et la rumeur des animaux de brousse

Ta tête contre mon coeur
Tes yeux fermés sur je ne sais quel mirage
Peut-être la vision d'un désir
A naître
brillant comme une étincelle

PAIX

Quand tu rencontres un ami, après l'avoir salué, tu lui dis : "Que la paix soit avec toi !" Ainsi faisaient nos pères et les pères de nos pères, depuis la nuit des temps.

• Si quelqu'un prend des habitudes, qu'il prenne l'habitude de la paix. (Afrique).

• Là où est la paix, une serpette sert de rasoir. (Rwanda).

• La paix se trouve derrière les blessés. (touareg/Mali).

• Crier "Paix ! Paix !" alors qu'on a le gourdin sous l'aisselle ! (Madagascar).

• Si tu ne veux pas avoir du bruit derrière toi, ne tire pas les lianes. (Zaïre).

• Le monde est un pot à eau, quand on a bu, on le passe à autrui pour qu'il boive aussi. (bambara/Mali).

"Ce qui est le plus important aujourd'hui, pour amener la paix dans un monde si troublé et un progrès dans la conscience humaine, ce n'est pas de voir telle ou telle religion triompher sur les autres, mais de voir se développer entre les différentes religions, comme entre tous les hommes, un esprit de tolérance, de compréhension mutuelle et de recherche de ce qui nous est commun." (Amadou Hampâté Bâ, Jésus vu par un musulman).

"Une véritable paix n'est pas seulement l'absence de certaines forces négatives - tension, confusion ou belligérance -, elle suppose la présence de certaines forces positives -justice, bonne volonté et fraternité." (Martin Luther King, Je fais un rêve).

"Je refuse d'admettre que l'humanité ne soit qu'une épave ballottée par l'océan de la vie. Je refuse d'admettre que l'humanité soit si tragiquement vouée à la nuit privée d'étoiles du racisme et de la guerre, que l'aube brillante de la paix et de la fraternité ne puisse jamais

poindre. (...) J'accepte ce prix au nom de tous les hommes épris de paix et de liberté. (Martin Luther King (1929-1968), Discours d'acceptation du Prix Nobel de la Paix, le 10 décembre 1964, in Je fais un rêve) - Le 4 avril 1968, M. Luther King est assassiné à Memphis.

"Lorsqu'on recherche la paix, tout est permis, du simple pari aux risques les plus effroyables". (Anouar El-Sadate (1918-1981), Prix Nobel de la Paix en 1978 - Le 6 octobre 1981 le Président A. El-Sadate est assassiné au Caire.

"La paix ne fait pas bon ménage avec la misère, mais elle fait bon ménage avec le droit". (Président Houphouët-Boigny (1905-1993) le 18 mai 1993 à l'Unesco de Paris).

"Pour faire la paix avec son ennemi, il faut travailler avec lui. Il devient ainsi votre partenaire." (Nelson Mandela, Long walk to freedom).

"Que la paix règne dans le Monde !
Que la calebasse s'accorde avec le pot !
Que les bêtes vivent en harmonie dans la paix !
Que toute mauvaise parole, tout propos inconvenant
soient extirpés et refoulés
jusqu'au plus profond de la brousse,
jusqu'au coeur de la forêt vierge !"
(Oraison traditionnelle de Guinée, Afrique de l'Ouest)

PAROLE

La parole est un pont qui permet de traverser ensemble les chemins du coeur et les voies de l'esprit. Elle doit puiser sa source dans la sagesse léguée par les Anciens à travers les proverbes, les contes et les dictons. Ainsi, ta parole sera plus forte et plus percutante. Elle sera magique.

• Chaque chose met son bébé au monde mais la parole met sa maman au monde. (bambara/Mali).

(La seconde parole est plus réfléchie que la première)

• La parole est un gâteau, si tu ne le prends pas, tu ne vois pas le dos de l'autre. (bambara/Mali).

• La parole qui reste dans ton ventre est l'enfant de ta mère, la parole qui sort de ta bouche est l'enfant de ton père. (Afrique).

• Les paroles sages sont comme la canne à sucre qu'on ne cesse de sucer. (Madagascar).

• Une parole mûrie dans le ventre est plus grasse quand elle sort. (toucouleur/Sénégal).

• Une parole est comme l'eau qui coule, elle ne se ramasse pas avec les doigts. (toucouleur/Sénégal).

• Une parole est comme un fil de raphia, si vous le tirez de la natte, vous ne pourrez le remettre à sa place. (Tchad).

• Entre deux paroles s'intercale la réflexion. (Rwanda).

• Toute parole dite après trois mesures de dolo (alcool) ne peut être que vérité. (bambara/Mali).

• La parole est comme l'eau du marigot. (mossi/Burkina Faso).

• La parole est sang, souffle pur de la chair mûrie de ses fibres. (bambara/Mali).

• Si quelqu'un accepte de remplir sa bouche avec de la farine de mil, c'est qu'il sait avoir suffisamment de salive pour la mouiller. (bambara/Mali).

(On ne donne sa parole d'honneur que si l'on est certain de la respecter)

• C'est dans deux bouches que la parole reste longtemps. (malinké/Afrique de l'Ouest).

• Si l'homme n'a ni queue ni crinière, on a prise sur la parole de sa bouche. (bambara/Mali).

• Si l'homme se trompe sur sa part de nourriture, il ne se trompe pas sur une parole qui lui est destinée. (bambara/Mali).

• Les paroles sont comme la viande boucanée que l'on mastique : il faut longtemps pour en apprécier la saveur. (Madagascar).

• Les paroles sont comme la toile d'araignée : pour l'homme habile, elles sont un abri; pour le maladroit, elles sont un piège. (Madagascar).

• Les paroles sont comme les cannelures du bois : il s'y produit forcément des éclats. (Madagascar).

• Les paroles sont comme les boeufs sauvages dans les hautes herbes : si on les effraie, ils tombent dans le fossé. (Madagascar).

• Je ne répondrai au goître que lorsqu'il aura fait le tour de mon cou. (parole de griot malinké/Afrique de l'Ouest).

(Savoir maîtriser son langage)

• La dent et la langue sont plus rapprochées que toutes choses, cependant à tout instant la dent blesse la langue. (malinké/Afrique de l'Ouest).

• Quand l'eau est versée, on ne peut plus la ramasser. (malinké/Afrique de l'Ouest).

• La viande reçue en cadeau ne casse pas le bois sur les lieux où on la boucane. (malinké/Afrique de l'Ouest).

• La promesse est une couverture bien épaisse mais qui s'en couvre grelottera aux grands froids. (malinké/Afrique de l'Ouest).

"*C'est dans les sociétés orales que non seulement la fonction de la mémoire est la plus développée, mais que ce lien entre l'homme et la*

Parole est le plus fort (...) outre une valeur morale fondamentale, la parole revêtait, dans les traditions africaines, un caractère sacré lié à son origine divine et aux forces occultes déposées en elle." (Amadou Hampâté Bâ, L'Homme de la tradition, Muriel Devey).

"La parole est un fruit dont l'écorce s'appelle "bavardage", la chair "éloquence" et le noyau "bon sens". (Tierno Bokar, Le Sage de Bandiagara).

"La parole acquiert encore plus de puissance à l'heure de la mort où les mots prennent l'allure d'ordres sacrés". (Francis Bebey, Le fils d'Agatha Moudio).

"Les Paroles très anciennes
C'est comme les graines
Tu les sèmes avant les pluies
La terre est chauffée par le soleil
La pluie vient les mouiller
L'eau de la terre pénétre les graines
Les graines se changent en herbe
Puis deviennent des épis de mil".
(Sory Camara, Paroles très anciennes)

PATIENCE

La patience est la vertu des sages.

• La patience rend le voisinage agréable. (malinké/ Afrique de l'Ouest).

• La patience engendre le succès. (Rwanda).

• La patience est une amulette pour la vie. (malinké/ Afrique de l'Ouest).

• La patience est un arbre dont les racines sont amères mais dont les fruits sont doux. (bambara/Mali).

• L'homme patient enlève les poils sur un oeuf de poule. (bambara/Mali).

• On ne met pas ses deux pieds dans l'eau. (malinké/Afrique de l'Ouest).

• Manger vite, c'est se brûler la bouche. (Zaïre).

• Petit à petit le coton devient pagne. (malinké/Afrique de l'Ouest).

• Avec de la patience et de la salive, on fait entrer un pépin de calebasse dans le derrière d'un moustique. (créole/Antilles).

• Les termites qu'on mange maintenant sont consommés avec autant d'appétit que celles à prendre dans les jours à venir. (bamoun/Cameroun).

• Un peu vaut mieux que rien et avoir vaut mieux qu'espérer. (peul/Mali).

"Pour écouter les derniers dépositaires de la Tradition orale, le chercheur devra s'armer de patience et posséder comme on dit "un coeur de tourterelle (ne jamais se fâcher), une peau de crocodile (dormir n'importe où), et un estomac d'autruche (manger n'importe quoi)." (Amadou Hampâté Bâ, Histoire générale de l'Afrique, Tome 1, Unesco).

PAUVRETE

La pauvreté de certains riches est incommensurable : ils ont le coeur sec et les mains vides. La richesse de certains pauvres est admirable : ils n'ont presque rien et ils donnent tout.

• Un enfant pauvre se couche toujours comme quelqu'un qui va partir. (Burundi).

• Trois choses ne peuvent pas cohabiter dans une maison : l'homme, la femme, la pauvreté. Si la pauvreté ne les quitte pas, l'homme ou la femme s'en ira ailleurs. (peul/Mali).

• Si le pauvre n'a pas une part dans la fortune, la fortune fondra et retournera dans la terre. (peul/Afrique de l'Ouest).

• Si en rêve le pauvre n'enduisait pas sa tête de beurre, la blancheur le tuerait. (Ethiopie).

(Le beurre est une protection contre le soleil)

• Neuf pauvres et un riche feront un jour ou l'autre dix pauvres. (bambara/Mali).

• Un pauvre passe toute la nuit à construire des bergeries, mais aucun mouton n'est à l'intérieur. (bambara/Mali).

• Quand un pauvre sort le matin, les gens disent qu'il va pour voler, et s'il sort le soir, on pense que c'est pour détrousser quelqu'un. (Madagascar).

• Le va et vient est le problème des singes car la falaise reste toujours à sa place. (bambara/Mali).

(Celui qui a besoin de solliciter autrui, se déplacera personnellement)

• Dans le troupeau, seules les chèvres qui n'ont pas soif bêlent, celles qui crèvent de soif n'ont pas ce loisir. (bambara/Mali).

(Une personne à bout de souffle n'a même plus la force de réclamer ce dont elle a besoin)

• La fécondité est le meilleur remède au désespoir de la pauvreté. (Burundi).

• Quand la pauvreté dit à son sujet : "Enumère-moi tes besoins afin que je t'en prive lamentablement", la fortune chuchote à l'oreille de son maître : "Exprime tes désirs, je les exaucerai dans l'instant ..." (peul/Mali).

"Apprends à couvrir la nudité matérielle des hommes avant de couvrir par ta parole leur nudité morale." (Tierno Bockar, Le Sage de Bandiagara).

"Avant de pénêtrer dans le bureau du commisssaire, il revit une dernière fois l'image de sa mère, une pauvre chose, maigre, noire, misérable, dégoûtante, inhumaine et digne de pitié, qui gisait sur un lit de bambou." (Mongo Beti, Ville cruelle).

"Si la richesse est un aimant, la pauvreté est une sorte de repoussoir". (Nelson Mandela).

PAYSAN

Tout être humain est d'origine paysanne. Qui peut dire qu'il n'a pas un ancêtre paysan ?

• Trois choses soutiennent l'homme en ce monde : semer, récolter, manger. (wolof/Sénégal).

• Celui qui n'a pas de champ n'a pas de place au pays. (bambara/Mali).

• Personne ne peut devenir cultivateur sans que la boue ne le touche. (malinké/Afrique de l'Ouest).

• Sarcle autour de tous les plants de sorgho : tu ne sais pas lequel portera fruit et lequel restera stérile. (Rwanda).

• Le manche de la houe est le tout premier protecteur du monde. (bambara/Mali).

• La serpette qui coupe pour le ventre ne se repose pas. (malinké/Afrique de l'Ouest).

• Cultiver un champ en jachère ne peut construire le grenier. (malinké/Afrique de l'Ouest).

(Celui qui se marie avec une femme âgée, n'aura pas d'enfants aux champs)

• Si on aide une femme à cultiver son champ, elle saura dire, le moment venu, que le grenier est à elle. (mossi/Burkina Faso).

• Là où les épineux percent la coque des oeufs de pintade, ce n'est pas un lieu où le mouton à laine peut aller. (bambara/Mali).

"La terre est comme l'air et l'eau, les terres vierges africaines étaient des biens libres tant était considérable leur étendue par rapport aux populations qui y vivaient : le travail seul des paysans leur donnait de la valeur." (J.M. Dictionnaire des Civilisations africaines).

"L'univers du paysan est imprégné de valeurs très anciennes accordant une grande place à la convivialité, à la disponibilité, à une solidarité qui n'a pas besoin de s'afficher pour exister. Une simple poignée de main, la conversation la plus banale, valent un engagement." (Gaston J.M. Kaboré, in Calao). Cinéaste burkinabé.

"Des centaines de houes plongeaient simultanément dans la terre, avec un bruit de métal incandescent qu'on trempe dans l'eau. Les uns à côté des autres, les travailleurs formaient une interminable rangée de dos mouvants. Tout se déroulait au son des tam-tams ... il fallait donner aux muscles le temps de se réchauffer et de se dégourdir." (Nazi Boni, Crépuscule de temps anciens).

PELERINAGE

Voyage aux sources de la foi comme un voyage initiatique.

• Le fait d'aller à La Mecque ne modifie pas le caractère d'une personne. (bambara/Mali).

• On ne parcourt pas le chemin de Dieu pour autrui. (bambara/Mali).

• Quoique l'âne aille à La Mecque, il n'en revient pas pèlerin pour cela. (Afrique du Nord).

• La cuisine est plus vieille que la mosquée. (bambara/Mali). (Celui qui est rassasié peut prier Dieu et travailler)

"Nul ne jouira de la rencontre divine s'il n'a pas de charité au coeur. Sans elle, les cinq prières ne sont que des gesticulations sans importance; sans elle, le pèlerinage est une promenade sans profit". (Tierno Bokar, Le Sage de Bandiagara).

Echo venu d'ailleurs :

"Celui qui entreprend les rites du pélerinage correctement et ne commet pas d'obscénités sera aussi pur qu'un nouveau-né". (Mahomet (570-632) Le Prophète de l'Islam).

PEUPLE

On ne sait pas très bien ce que cela veut dire. On a un sentiment complexe et simple à la fois : le sentiment de partager au-delà de la géographie, une même histoire, une même langue, une même culture, bref tout ce qui fait votre authenticité et par conséquent, vous rend différents des autres.

• Le peuple est comme une touffe d'épineux : qui veut entrer en son sein et le diriger doit supporter les piqûres. (bambara/Mali).

• La stabilité d'un peuple est dans la justice. (Afrique du Nord).

• Si le souverain règne, c'est grâce à son peuple, si la rivière chante, c'est grâce aux pierres. (Madagascar).

• Mieux vaut encourir la colère du roi que provoquer la colère du peuple. (Madagascar).

• Le coussinet servant à supporter les charges sur la tête ne doit pas importuner le porteur d'une gerbe d'épis. (malinké/Afrique de l'Ouest).

(Se montrer respectueux à l'égard de ses subordonnés)

• On dit au diable : le peuple est sans pain. Et lui de répondre : qu'il se nourrisse de pâtisseries ! (Egypte).

"Nous n'avons pas apporté le talisman universel infaillible qu'il suffirait de faire toucher aux indigènes pour leur assurer le bonheur. Nous les aménerons, au contraire, à tirer de leurs propres terres, de leurs cases ou de leurs tentes, de leurs coutumes et leurs chefs, la confiance dans la vie et le goût du progrès." (Félix Eboué (1884-1944), Circulaire, 1942) "Premier Noir gouverneur des colonies", à la Guadeloupe, puis au Tchad. Gouverneur de l'A.E.F. en 1940), in Afrique Noire Histoire et Civilisations, E. M'Bokolo).

"La négritude, c'est l'ensemble des valeurs de civilisations -culturelles, économiques, sociales, politiques - qui caractérisent les peuples noirs." (Léopold Sédar Senghor, in Dictionnaire des Civilisations africaines).

"Des peuples enlisés dans leur passé, ne voyant dans le présent que jouissance ne sont pas des peuples jeunes mais des nations proies". (Seydou Badian, Le Sang des masques).

"Que le peuple comprenne toujours que la vie la plus sûre est celle que l'on se crée à l'ombre de la sagaie." (Seydou Badian, La mort de Chaka).

"Dans la vie de toute nation, il vient un moment où il ne reste que deux choix : se soumettre ou combattre. (...) Sans langue commune, on ne peut parler à un peuple ou le comprendre; on ne peut partager ses espoirs et ses aspirations, saisir son histoire, apprécier sa poésie et ses chansons." (Nelson Mandela, Un long chemin vers la liberté).

PEUR

Nous avons toujours peur, lorsque nous sommes seuls contre l'adversité. La foi en Dieu, le courage et la force d'âme sont les armes qui nous permettent de vaincre la peur.

• La peur est sagesse, quiétude et paix. Elle enfante longue vie, engendre la fortune. (bambara/Mali).

• Le clair de lune stimule le poltron. (Burundi).

• Si le poltron pouvait se trouver partout, il verrait le preux courir. (peul/Afrique de l'Ouest).

• Si peur que puisse avoir un homme, son postérieur court toujours derrière lui. (peul/Afrique de l'Ouest).

• Un homme ne peut crier en même temps :"Oh je suis noyé! Oh je suis brûlé!" (bambara/Mali).

• Tu clopines en temps de paix, le malheur venu, tu cours ! (Angola).

• On a peur du chien à cause de son maître et non à cause de ses dents. (malinké/Afrique de l'Ouest).

• Saluer le caïman, ce n'est pas par amour, mais par crainte. (Madagascar).

• La poule qui mène sa couvée loin, très loin, est celle qui cède à la peur et sait fuir vers l'abri sitôt qu'une ombre tombe dans la cour. (bambara/Mali).

• Le téméraire que rien n'effraie envoie ses poussins aux serres de l'épervier. (bambara/Mali).

• Le vieux mulet n'a pas peur des grelots. (Egypte).

• Le manque de nocivité de la couleuvre a fait son salut. (Tanzanie).
(Une gentille personne ne craint rien)

• Quand on a été mordu par un serpent, on fuit même le mille-pattes. (bamiléké/Cameroun).

"La seule arme que craignent les fauves est le courage. Tous fuient devant le courage, mais quand ils voient la peur dans vos yeux, c'est votre perte. Pour l'homme c'est pareil." (Seydou Badian, Sous l'Orage).

"Le courage est la puissance de l'esprit à dominer la peur." (Martin Luther King).

POLYGAMIE

La polygamie est plus répandue qu'on ne croit. Ici elle est à visage découvert, là elle est cachée sous l'hypocrisie de la société.

• Le polygame est toujours silencieux et méditatif. (Cameroun).

• Si un polygame veut la paix, qu'il ouvre l'oeil aux propos de ses femmes. (malinké/Afrique de l'Ouest).

• Le champ de la femme du polygame se délimite la nuit. (Burkina Faso)

• On ne se penche pas sur le to (mil) parce que le to est bon mais pour que la sauce ne touche pas l'habit. (malinké/Afrique de l'Ouest).

(Si l'homme ne répudie pas une épouse méchante, c'est uniquement pour ne pas gâter son propre nom)

• Les enfants du polygame ne sont pas des bottes de paille dont on choisit la plus grande. (peul/Sénégal).

(Les enfants des co-épouses doivent être traités à égalité)

• L'union dans le troupeau oblige le lion à se coucher à jeun. (Nigéria).

(Le polygame craint la bonne entente entre co-épouses)

"Lorsqu'un homme épouse plusieurs femmes, il se trouve comme le pivot unique de plusieurs familles élémentaires." (*J.M. Dictionnaire des Civilisations africaines*).

"En Islam, la polygamie n'est pas une obligation, mais une tolérance (limitée d'ailleurs), compte tenu de la diversité des tempéraments et des conditions sociales de la société. Le souci majeur est d'éviter l'adultère, le désordre des moeurs, les enfants illégitimes et déracinés, les femmes vieillissant seules." (*Amadou Hampâté Bâ, Aspects de la civilisation africaine*).

"Fous-moi le camp femme à langue mieilleuse .... J'ai trois femmes comme toi qui me grattent le dos tous les soirs à tour de rôle. Retiens ta langue. Si tu continues à me parler, je te ferai bastonner par les femmes." (*Aoua Keïta, Femme d'Afrique*).

"Et tes femmes Tamsir ? Ton revenu ne couvre ni leurs besoins ni ceux de tes dizaines d'enfants. Pour te suppléer dans tes devoirs financiers, l'une de tes épouses fait des travaux de teinture, l'autre vend des fruits, la troisième inlassablement tourne la manivelle de sa machine à coudre .... Je ne serai jamais le complément de ta collection. (*Mariama Bâ, Une si longue lettre*).

"Le mariage, mes compagnes,
Le mariage, c'est une affaire de chance.
Les unes rencontrent un endroit où il fait bon vivre
Les autres tombent au beau milieu d'un essaim d'abeilles."
(René Luneau, Chants de femmes au Mali)

PROVERBE

Plus tu connais de proverbes, mieux tu pourras parler aux hommes. Et la sagesse sortira de ta bouche, parce que ce sont les Ancêtres qui parlent en même temps que toi.

• Instruis l'enfant par des proverbes. (Afrique).

• La parole sans proverbe est comme la sauce sans sel. (bambara/Mali).

• Le poème et le proverbe sont des paroles plaisantes au coeur et à l'oreille. (peul/Afrique de l'Ouest).

• Le proverbe est l'esprit d'un seul et la sagesse de tous. (Afrique du Nord).

• Les proverbes sont des médailles où les peuples gravent leurs pensées. (Afrique du Nord).

• Les proverbes sont les lampes des mots. (Afrique du Nord).

• Un bon proverbe ne frappe pas aux sourcils mais dans les yeux. (bambara/Mali).

• Les proverbes sont l'huile de palme qui fait passer les mots avec les idées. (Nigéria).

• Le proverbe est semblable au tam-tam, porteur de message. (Mali).

• Le proverbe ne sort pas d'un arbre, mais il sort de l'homme. (Burundi).

• Si le proverbe passe dans l'âtre, jamais il ne se brûle. (Congo).

• Le proverbe est le cheval de la parole, quand la parole se perd, c'est grâce au proverbe qu'on la retrouve. (yoruba/Bénin/Nigéria).

• Le proverbe est un prisme de lumière dont les reflets se répandent sur tous les discours. (Afrique).

• Si quelque chose est citée en proverbe, c'est qu'elle à eu lieu. (Zaïre).

• Qui ne laisse pas d'enfant, laisse un proverbe. (malinké/Afrique de l'Ouest).

"Une bonne connaissance des proverbes est un atout important de l'éloquence politique aussi bien moderne que traditionnelle."(Dictionnaire des Civilisations africaines).

"Il faut croire au proverbe, il ressemble à la Lumière". (Francis Bebey, La poupée ashanti).

"La sagesse des Nations n'a de frontières ni dans l'espace ni dans le temps et on la retrouve identique à elle-même chez les peuples les plus dissemblables de pays, de race, de culture." (Francis Aupiais, L'Etude des proverbes" in La reconnaissance africaine N°25).

"Image, le proverbe exprime l'expérience d'une civilisation en faisant référence au climat, à l'histoire, aux mythes, aux moeurs, aux institutions... C'est dans toutes les civilisations humaines le charme qui émane du mystère, de l'obscur et que l'on goûte que par intuition." (L. S. Senghor, Préface in Le tam-tam du sage).

PRUDENCE

La prudence est un habit que l'on doit porter tous les jours. Il nous protégera de pas mal d'intempéries et des embûches qui jalonnent le chemin.

• Tant que le soleil ne s'est point couché, ne dédaigne pas les pas de la tortue. (Madagascar).

• Si quelqu'un dit que tout ce qui est blanc, il le dévorera, il lui arrivera de manger des crottes d'hyène. (malinké/Afrique de l'Ouest).

• Quand on voit les gens rentrer et sortir d'un trou, sans courir, c'est qu'il n'y a aucun danger à l'intérieur. (Cameroun).

• Quand un serpent ou animal quelconque sort de la forêt, vous lui lancez ce que vous avez dans la main. (bambara/Mali).

• Celui qui a un oeuf dans son sac ne danse pas. (dioula/Côte d'Ivoire).

• Celui qui n'a pas gagné l'autre rive ne doit pas se moquer de celui qui se noie. (bambara/Mali).

• Celui qui se propose d'aller dire à son prochain sa tare doit être préparé à entendre la sienne. (bambara/Mali).

• Celui qui grimpe aux baobabs a davantage de fruits, mais celui qui reste à terre sait mieux quand il rentrera chez lui. (malinké/Afrique de l'Ouest).

• Un aveugle ne danse qu'avec sa paie dans la poche. (bambara/Mali).

• Quand on achète un coq, on ne l'essaie pas pour voir s'il marche. (bambara/Mali).

• Si la parole est malade, que les oreilles soient bien portantes. (peul/Afrique de l'Ouest).

• Si tu dis du mal des nattes, ne te mets pas sous le raphia. (malinké/Afrique de l'Ouest).

• Si la danse de la petite vieille n'est pas finie, ne dis pas "grand-mère, ton pied est agile". (malinké/Afrique de l'Ouest).

• Si un buffle rouge t'a attaqué, quand tu verras une termitière rouge, tu prendras la fuite. (malinké/Afrique de l'Ouest).

• Si tu sors de la forêt en même temps que le buffle, sache monter à l'arbre. (Centrafrique).

• Qui a été circoncis s'empresse de tresser un petit sac pour protéger sa verge. (Burundi).

• Qui descend de son canari (récipient) brisera tout autre canari qu'il chevauchera. (Rwanda).

• A force d'exhiber partout son régime de bananes, on finit par le jeter au milieu des fourmis rouges. (Zaïre).

• Le pot qui n'est pas encore cuit au four ne peut pas jouer tout prés de l'eau. (Cameroun).

• Le rat ne tire pas la moustache du tigre. (Cameroun).

• La souris goûte la sauce de noix de palme avec la queue. (malinké/Afrique de l'Ouest).

• Si la chèvre est dans la charpente, c'est que son petit est dans la gouttière. (bambara/Mali).

• Même si le léopard dort, le bout de sa queue ne dort pas. (Congo).

• La tortue ne s'est jamais vantée d'avoir un long cou. (malinké/Afrique de l'Ouest).

• Le chien qui s'est brûlé le nez ne flaire pas les cendres. (foulfoudé/Nigéria).

• Le chien ne parle pas pour qu'on ne l'envoie pas faire les courses. (créole/Antilles).

• Les oiseaux peuvent oublier le piège, mais le piège n'oublie pas les oiseaux. (Madagascar).

• Comment le phacochère ne serait-il pas sur ses gardes alors qu'on attache chez soi le cochon domestique ! (Madagascar).

• Quand on est noyau, il faut s'attendre à être écrasé sous la pierre. (lari/Congo).

"La parole peut créer la paix, comme elle peut la détruire. Elle est à l'image du feu. Un seul mot mal venu peut déclencher une guerre, comme une brindille enflammée peut provoquer un vaste incendie." (Amadou Hampâté Bâ).

"... Tous sont venus pour deviser et méditer. Aussi bien, ce que je vais dire et cadencer a beau s'appeler kabary (palabre), il ne s'agira jamais aujourd'hui d'un kabary celant de fines embûches, mais d'un conseil intime tenu pour entretenir l'union. Ce qui ne m'empêche pas de rappeler que les bêtes ne marchent jamais sans leur tête et que tout fleuve a sa source; pareillement, toute causerie doit être amorcée."(Jean-Joseph Rabearivelo (1903-1937), Cahier du Sud), Ecrivain malgache.

"Allons, je suis trop éloquent ! Profusion de détails nuit bien souvent : on finit par se vendre sans même qu'on s'en soit aperçu." (Loys Masson (1915-1969), Les Noces de la vanille), Ecrivain mauricien.

Q

COMME QUARTIER

Ce quartier qui est le mien
Qui se prend pour Manhattan
Hérissé de gratte-ciel fantômes
Serpente du côté de Treichville
Et dort Rue des Sans-Soucis

Pas de monuments ni de jardins extraordinaires
Pas de jets d'eau aux couleurs d'arc-en-ciel
Comme on en voit de l'autre côté de la Rive
Avec ses habits de soie et de mousseline.

Ici la vie va son chemin tout simplement
Au petit bonheur des traditions et des fêtes
Ou dans la grisaille des jours sans soleil.
Et toujours au coin de la rue les bruits enfantins
Les gamins qui courent qui crient qui vous
bousculent ...

Ce quartier qui est le mien
Qui se prend pour Manhattan.

QUALITE

Cultive ton champ intérieur dés le lever du jour et sème les graines de l'amour et de la générosité. Tu seras un homme de qualité, mon fils.

• Les qualités d'une femme la rendent plus séduisante que tout un panier de produits de beauté. (malinké/Afrique de l'Ouest).

• Que celui qui est reconnaissant ait autant de mérite, sinon davantage, que celui qui a fait le bien, car l'ingratitude est le propre de l'homme. (peul/Mali).

• Si tu ramasses un caillou d'or sur un petit mur, tu remercies le petit trou qui a servi à la fabrication des briques. (bambara/Mali).

• Laisse celui qui a dépouillé le mouton dérober un peu de viande, tu en auras quand même de quoi faire cuire avec ton couscous. (Afrique).

• La loyauté du coeur vaut la lecture de cent cinquante psaumes. (Abyssinie/Ethiopie).

"La femme peule ne doit pas avoir pied rapide
et langue pendue;
elle ne doit pas contracter des dettes chaque fois qu'elle s'accroupit;
elle ne doit pas prendre de grosses poignées
ni être la dernière à se lever;
elle ne doit pas avoir l'oeil louche,
être entêtée, boudeuse, dédaigneuse,
toujours pressée".
(Mamadou L. Ngaide, Le vent de razzia).

Echo venu d'ailleurs :

"La création des cieux et de la terre, la diversité de vos langues et de vos couleurs sont autant de merveilles pour ceux qui réfléchissent." (Le Coran XXX, 22).

R

COMME RACINES

Mes racines dans ma terre
Par delà la distance
Par delà l'exil
Chairs vives aux couleurs du pays

Regarde
Je tends ma calebasse
Aux vents étrangers

A nouveau je bois
Aux sources de mon enfance
pour que vienne à moi
le chant du vieux Calao
pour que m'entourent
les flûtes de roseau
émergeant des eaux du fleuve

pour que me couvre
la forêt d'arbres fétiches
avec ses trois mille ans de secrets

O mon enfant
Je sais des choses ineffables

RACISME

Le refus de la différence. La différence servant de prétexte à la discrimination. La discrimination cherchant sa justification dans la couleur de la peau, l'ethnie, la religion, les frontières ... Racisme pour tout dire.

• Une race est aussi fragile qu'un nouveau-né. (Congo).

• Même si tu danses pour ton ennemi sur la latérite, il dira que de la poussière sort. (malinké/Afrique de l'Ouest).

• Si longtemps qu'un morceau de bois reste dans l'eau, il ne deviendra jamais crocodile. (bambara/Mali).

• On a beau laver la tortue terrestre, elle ne sera jamais une tortue aquatique. (malinké/Afrique de l'Ouest).

• Un chien au museau noir est toujours suspect d'emporter dans sa gueule le produit d'un larcin. (Madagascar).

• L'écorce d'un arbre n'adhère pas à un autre arbre. (Ethiopie).

"Prince Aniaba, il n'y a donc plus de différence entre vous et moi que du noir au blanc". (Louis XIV à son protégé Aniaba, jeune Noir originaire d'Assinie/Côte d'Ivoire, in La Diaspora noire, I.Baba Kaké).

"L'égalité absolue des races -physique, politique et sociale, est la pierre angulaire du progrès mondial et humain. La doctrine de l'égalité raciale n'empiète pas sur la liberté individuelle : elle l'accomplit plutôt." (William Edward Burghardt Du Bois (1868-1963), Extrait de la déclaration au Monde, Londres, 1921), Défenseur des Noirs aux Etats-Unis et l'un des Fondateurs du panafricanisme.

"Si je pouvais parler à tous les êtres humains qui peuplent ce globe, je leur parlerais de mon ami Steve Biko qui est mort, nu sur le sol d'une cellule après avoir enduré la torture et les tourments des

mains d'hommes qui représentent la forme la plus abjecte du mal : le racisme, qui engendre la haine et le rejet d'êtres humains dont la seule faute est d'être nés avec une peau noire". (Donald Woods, Vie et mort de Steve Biko).

Echo venu d'ailleurs :

"Nous croyons en Allah, en ce qui a été révélé à Abraham, à Ismaël, à Isaac, à Jacob et aux Livres donnés à Moïse, à Jésus, au Prophète par Allah. Nous ne faisons aucune discrimination : nous nous soumettons à la volonté d'Allah". (Le Coran).

RELIGION

La religion est née le jour où l'Homme a fait l'expérience inouïe du sacré. L'Homme, parfois animal belliqueux, se sert de la religion pour opprimer d'autres hommes.

A quand la Religion Universelle qui unirait tous les hommes de la Terre ?

• Si Dieu ne pardonnait pas, son paradis resterait vide. (Afrique du Nord).

• Si Dieu n'avait pas inventé la mort, nous nous mangerions entre nous. (Afrique du Nord).

• Ne dis pas : "Je n'ai pas de péchés", c'est l'affaire de Dieu et il y met son sceau. (Egypte pharaonique).

• Les hommes sont les plants de riz de Dieu, il prend ceux qu'il veut prendre, et laisse ceux qu'il veut abandonner. (Madagascar).

• Un religieux ignorant est une maison sans porte; un savant qui ne pratique pas sa science est une abeille qui ne donne pas de miel. (Afrique du Nord).

• Le couteau de Dieu, c'est l'arc-en-ciel. (bambara/Mali).

• Le secours de Dieu arrive sans tonnerre ni poussière. (bambara/Mali).

• Dieu prépare le pain de manioc, les hommes préparent l'assaisonnement. (Congo).

• Ne blâme pas Dieu d'avoir créé le tigre : remercie le plutôt de ne pas lui avoir donné des ailes. (Ethiopie).

• Si tu pries Dieu en restant près de l'âtre, Il te couvre de cendres. (Rwanda).

• Le lézard dévergondé ne retrouve le chemin de son trou que lorsqu'on lui coupe le bout de la queue. (bambara/Mali).
(On pense à Dieu si le malheur nous frappe)

• Le doute ne fera pas la prière rituelle. (Mauritanie).

• Lorsque la mort arrive, le chien s'allonge le long de la mosquée. (malinké/Afrique de l'Ouest).

"*La religion attache l'homme, sans retour, à sa société et il faut entendre par là non seulement les vivants, mais les morts, les ancêtres - et les dieux aussi et toutes les forces que son territoire abrite - qui forment avec elle un tout indissociable.*" (*Dictionnaire des Civilisations africaines*).

"*Chaque homme a ses mouvements propres et constitue un petit univers au sein du grand univers. Par ce fait, la pratique des règles religieuses varie d'un homme à un autre, tout comme la vitesse varie d'un coursier à un autre, le poids du poing d'un boxeur à un autre, l'appétit d'un estomac à un autre, la patience et l'endurance d'un individu à un autre, etc.*" (*Amadou Hampâté Bâ, Aspects de la civilisation africaine*).

"*Sire, nous sommes soldats, mais nous sommes aussi serviteurs du*

Christ; et cela nous le proclamons fièrement !" (Saint Maurice d'Agaune, IVe siècle, in Mémoire d'Afrique, I. Baba Kaké).

"Lorsqu'un nouveau souverain (sonraïh) monte sur le trône, on lui remet un sceau, une épée et un Coran (...) Leur roi professe l'islamisme". (El Belkri, XIe siècle) in Mémoire d'Afrique, I. Baba Kaké).

"De nombreux peuples ont acquis de grands pouvoirs qui se sont écroulés, parce qu'éloignés de leur base fondée sur la justice... Pour durer, quant à nous, notre force doit être la force de la vérité et celle de l'Islam". (Mohammed Touré (XVe siècle), Empereur songhaï de Gao/Mali - in Mémoire d'Afrique, I. Baba Kaké).

"La Religion, celle que veut Jésus et qu'aime Mahomet, est celle qui, comme l'air pur, est en contact permanent avec le soleil de Vérité et de Justice, dans l'Amour du bien et de la Charité pour tous". (Tierno Bokar, Le Sage de Bandiagara).

"Oui, Jésus, je veux être assis à ta droite où à ta gauche, mais pas pour des raisons égoïstes; je veux être à ta droite, du meilleur côté, mais pas pour des raisons de politique, de royauté ou d'ambition; je veux tout juste être dans l'amour, la justice et la vérité, et le dévouement à autrui, pour que nous puissions faire de ce vieux monde un monde nouveau." (Martin Luther King, Je fais un rêve).

"Nous tous, sur cette terre, la terre de Dieu, nous tous : musulmans, juifs et chrétiens, adorons Dieu et nul autre que Dieu. Les enseignements et les commandements de Dieu sont : amour, sincérité, pureté et paix". (Anouar El-Sadate (1918-1981), à Jérusalem le 20 Novembre 1977), Prix Nobel de la Paix en 1978.

"Chrétiens, musulmans et juifs ne forment-ils pas les trois branches d'un même arbre ? Pour ma part, je considère le judaïsme, l'islam et le christianisme comme les trois frères d'une famille polygame où il n'y a qu'un seul père, mais où chaque mère a élevé son enfant selon la coutume qui lui est propre". (Amadou Hampâté Bâ (1900-1991) in Besoin d'Afrique de E. Fottorino, C. Guillemin, E. Orsenna).

RESPONSABILITE

Cela veut dire que l'on est adulte. Digne de porter ce nom d'homme ou de femme libre. Digne de respect. Assumant les devoirs et exerçant les droits. Assumant aussi la sanction de l'erreur ou de la faute.

• Si on te vante les pâturages d'un pays lointain, continue à faire paître ton troupeau sur les tiens. (Mauritanie).

• Ne permets pas que soient attachés tes bagages sur ton chameau par qui ne t'accompagne pas. (Mauritanie).

• Il est préférable d'être le président d'un tout petit village plutôt que le sécrétaire général d'une ville. (bambara/Mali).

• Celui qui brûle son grenier de mil sait où la cendre se vend à un prix exhorbitant. (Bénin).

• Celui qui a mis le feu à la brousse n'a pas de problème, le responsable, c'est le porteur de flambeau. (Zaïre).

• Ne regarde pas l'endroit où tu es tombé, regarde l'endroit où tu t'es cogné. (malinké/Afrique de l'Ouest).

• Le marteau qui est laissé aux enfants concasse du grain. (Burundi).

(Les responsabilités ne sont pas confiées à n'importe qui)

• La malédiction de la perdrix ne s'abat pas sur le chasseur ni sur son chien, mais plutôt sur le guetteur qui était sur la cîme du palmier. (Zaïre).

• La libellule se repose sur la rizière, la grenouille dans les mares, le caïman sur les ilôts du fleuve; qu'ainsi chacun demeure à sa place dans sa rivière d'origine. (Madagascar).

"*Voici ton peuple, regarde !*
Ouvre bien tes yeux, ouvre-les clairement.
Voici ta tunique d'épines, revêts-la;

tu l'as héritée de tes pères; elle t'appartient en propre;
quand tu la porteras, elle te piquera, te meurtrira,
de plaies te couvrira, t'accablera et te fera gémir.
Si tu t'en défaisais, tu serais debout, tout nu,
dévêtu, tout seul et couvert de honte."
(Amadou Hampâté Bâ, L'Eclat de la grande étoile)

RICHESSE

Le riche est celui qui donne beaucoup. Quiconque a beaucoup reçu, doit beaucoup partager.

Il en est ainsi des richesses matérielles comme des richesses du coeur et de l'esprit.

• Celui qui a la renommée de riche, même s'il a faim, aura la réputation de bien manger. (malinké/Afrique de l'Ouest).

• La richesse donne la beauté aux laids, des pieds aux boiteux, des yeux aux aveugles, de l'intérêt aux larmes. (Rwanda).

• La richesse sans esprit n'est rien, un homme plus malin peut vous la soustraire en cinq minutes. (Guinée).

• Qui est repu et heureux se couche sur le dos pour danser en s'accompagnant d'une cithare. (Burundi).

• Qui est riche est traité de noble, mais qui n'a rien est un voleur. (Madagascar).

• Le filet qui a porté la baratte ne porte pas la marmite. (Nigéria).
(Un riche devenu pauvre ne change pas ses habitudes)

• L'oiseau aussi transpire, mais son plumage cache la sueur. (Côte d'Ivoire).
(L'argent ne met pas à l'abri des soucis)

• C'est sur les arbres touffus que viennent s'assembler les oiseaux. (bambara/Mali).

• La fourmi a mis au monde un éléphant. (malinké/ Afrique de l'Ouest).
(Un fils peut surpasser le père en richesse)

• Les biens de ce monde ne sont que des prêts. (Mauritanie).

"Moussa, ton père ou mieux le sort, te laisse tout son or. Que feras-tu de l'or qui ne se mange pas ? Que désires-tu que tu ne trouves dans la case de ton père si tes frères veulent partager avec toi leur héritage ? Car toi, Momar, tu prendras si tu veux tout ce qui s'est bâti sur vos terres et tout ce qui pousse dans vos champs; pour toi, Birame, tout ce qui s'attache avec une corde, tout le troupeau, boeufs, ânes, chevaux. (...) Retournez chez vous, reprenez vos outres qui ne renferment que l'image des vrais biens." (Birago Diop, Les contes d'Amadou Koumba).

"Arraché à mon pays et à tous ses plaisirs,
J'ai quitté la Côte d'Afrique, désespéré,
Porté sur les flots furieux
Pour accroître les richesses d'un Etranger".
(Cowper, The Negr'os Complaint)

"Nous sommes créées pour défendre le Dahomé,
ce pot de miel, objet de convoitise.
Le pays où fleurit tant de courage
Peut-il abandonner ses richesses aux étrangers ?
Nous, vivantes, bien fou le peuple
Qui essayerait de lui imposer sa loi".
(Chant des Amazones, in Doguicimi, P. *Hazoume)*

S

COMME SENTIER

Par les sentiers
Par les labyrinthes
Tu marches comme une prière

A quelle étoile accrocher
le désespoir du jour
Nul berger dans le désert
Pour un mirage au petit matin

Dans ta tête poussent des lauriers roses

Dans ta tête volent des oiseaux de joie

Et tu marches depuis si longtemps

SACRIFICE

Sacrifice sans lequel rien de grand ne peut s'accomplir.

Sacrifice pour être le premier dans les jeux du stade.

Sacrifice pour accomplir un exploit. Sacrifice fondateur des mythes et des croyances. Sacrifice aux Dieux pour implorer leur mansuétude ou apaiser leur courroux.

• Ce qui a les mêmes racines souffrira de la même sécheresse. (malinké/Afrique de l'Ouest).

• Le berger ne peut sacrifier un boeuf, mais le lait du vendredi, oui. (peul/Afrique de l'Ouest).

• Offrir en sacrifice un mouton galeux, c'est vouloir aggraver le mal. (Madagascar).

• Quand la chèvre de l'un n'a pas été tuée, la sauce de l'autre ne sera pas bonne. (bambara/Mali).

• Bananier dépouillé de ses fruits : il s'était chargé de douceurs mais pas pour lui-même. (Madagascar).

• Si la mère poule se sacrifie pour ses poussins, la mère cane sauvage a l'esprit de sacrifice. (bambara/Mali)

(La mère poule se tient en retrait pour laisser les graines à ses poussins pendant que la mère cane sauvage s'élance devant le danger pour laisser le temps à ses canetons de se rassembler et de disparaître)

• A mesure que grandit le poussin, grandit son sacrifice. (Côte d'Ivoire).

(Hélàs, il finira dans la marmite)

"Le pouvoir ne s'obtient sans sacrifice, le pouvoir absolu exige le sang de l'être le plus cher." (Léopold Sédar Senghor, Chaka, in Oeuvre poétique).

"Lorsque le sacrifice met en compétition dieux d'ici et dieux d'ailleurs, l'Ivoirien ou l'Africain se tourne d'abord du côté des siens : ancêtres, divinités, génies, esprits, toujours et encore vivants, près des hommes, jaloux de leurs étreintes réciproques, des aller et retour, des réincarnations. Après il embrasse les dieux d'ailleurs, fréquente leurs églises et mosquées, pour l'extérieur, le statut social." (Abdou Touré et Yacouba Konaté, Sacrifices dans la ville).

"Si un homme n'a pas trouvé quelque chose qui vaut qu'on lui sacrifie sa vie, il ne mérite pas de vivre". (Martin Luther King (1929-1968 -assassiné).

"Les lionnes sont plus terribles que les lions,
Car elles ont leurs petits à défendre.
Et nous, les Amazones, nous avons à défendre,
le roi, notre roi et notre Dieu, Ki-ni (...)
Celles qui rentrent d'une guerre sans avoir conquis doivent mourir."
(Les Amazones, H. d'Almeira-Topor)

SAGESSE

On ne naît pas sage, on le devient. En puisant dans l'expérience des Anciens. En respectant les préceptes : faire le bien, créer le beau et que la bonté illumine ton visage comme un soleil de midi.

• Etre né sage vaut mieux qu'être né d'un sage. (peul/Afrique de l'Ouest).

• Ce n'est pas à l'habit qu'il porte qu'on reconnait l'homme sage, mais à ses oeuvres. (malinké/Afrique de l'Ouest).

• La retenue du sage fait la chance de l'effronté. (bambara/Mali).

• La sagesse enfermée dans le coeur est comme la lumière dans une jarre. (Abyssinie/Ethiopie).

• Lorsque la harpe de la Sagesse se met à exprimer une

pensée agréable, on dirait qu'une porte s'ouvre sur les jardins du Paradis. (Afrique du Nord).

• N'élève pas la voix et baisse tes paupières car si c'était la voix qui décidait de la vie, un âne bâtirait deux maisons en une journée avec son braiement. (Afrique).

• Le jour où le grand arbre du village tombe, les oiseaux se dispersent. (bambara/Mali).
(Quand meurt un vieux sage, la désunion entre au village)

• Le jour où le grand arbre du village tombe, les chèvres grimpent dessus et les hommes prennent la hache. (malinké/Afrique de l'Ouest).

• On ne laisse pas le poisson qu'on a dans la main pour essayer d'attraper celui qui est à ses pieds. (bambara/Mali).
(On ne lâche pas la proie pour l'ombre)

"Le griot : Ah ! la sagesse des fous est tout l'art du griot. C'est le mûrissement du rêve dans la danse, dans le chant. Et le rire est sa floraison. La sagesse est dans l'arbre qui pousse, dans le fruit qui mûrit. La graine de la pensée doit avant tout germer dans la nécessité (...) La sagesse, comme la sève, découle et coule de l'arbre qui défie l'orage." (El Hadj Omar (Prophète toucouleur du XIXe - Royaume du Fouta-Toro/Guinée) in Théâtre, Gérard Chenet).

Echos venus d'ailleurs :

"La sagesse a bâti une maison : elle a taillé ses septs piliers". (La Bible, Proverbes IX,I).

"Au sommet des collines, sur la route, au croisement des chemins, la Sagesse se poste près des portes de la Cité, sur les voies d'accès, elle s'écrie : "Humains ! C'est vous que j'appelle".(La Bible, Proverbes VIII, 2-4).

"Ne détourne pas ton visage des hommes. Marche avec modestie,

baisse un peu la voix car la voix de l'âne est la plus odieuse". (Le Coran, Sourate XXX, Loqman, 19).

SANG

Le sang, rivière de vie, dans tout notre être. Respecter la vie, c'est respecter le sang, qui ne doit pas se répandre inutilement .

• Ton secret est ton sang : si tu le laisses échapper tu mourras. (touareg/Mali, Niger).

• Le sang de la vérité est toujours noble, peu importe sa source. (malinké/Afrique de l'Ouest).

• Le sang est l'encre des dieux et le sang de l'homme est la plus précieuse des encres. (rituel peul/Afrique de l'Ouest).

"Le sang représente une des appartenances essentielles de l'individu, mais en même temps qu'il l'individualise il le transcende dans le temps par le lignage." (P.A. Dictionnaire des Civilisations africaines).

"New York ! Je dis New York,
Laisse affluer le sang noir dans ton sang,
Qu'il dérouille tes articulations d'acier
Qu'il donne à tes ponts la courbe des croupes et la
Souplesse des lianes. "
(Léopold Sédar Senghor, Ethiopiques)

SAVOIR

Celui qui ne sait pas croit que les paroles vaines cachent l'ignorance.

• Le savoir est un champ, mais s'il n'est ni labouré ni surveillé, il ne sera pas récolté. (peul/Afrique de l'Ouest).

• Le vieillard n'a pas acheté le savoir, il a vécu longtemps. (malinké/Afrique de l'Ouest).

• Quelque soit ton savoir, le chien du savoir te mordra. (malinké/Afrique de l'Ouest).

(Malgré son savoir, une erreur est possible)

• La science est le tronc d'un baobab qu'une seule personne ne peut embrasser. (bambara/Mali).

• La science est comme le joug au cou du boeuf, elle est faite pour dompter les passions. (Afrique du Nord).

• Même pour un ânon, c'est ce qu'il a tété qui constitue son fond. (peul/Mali).

"L'ensemble des figurines (poids à peser l'or) en métal (or, argent, laiton et bronze) constitue un véritable livre de sagesse, chaque pièce de la collection représente des proverbes, des dictons, des préceptes de vie en rapport avec l'histoire, la philosophie, la religion, le droit, la littérature, la musique, la politique, les transactions commerciales etc." (Ecritures idéographiques africaines, Almanach africain, 1984, A.C.T.T).

"Si je ne brûle pas
Si tu ne brûles pas
Si nous ne brûlons pas
Comment les ténèbres
Deviendront-elles clarté ?"

(M. Makan Diabaté, Si le feu s'éteignait)

"Si tu veux savoir qui je suis,
Si tu veux que je t'enseigne ce que je sais,
cesse momentanément d'être ce que tu es,
et oublie ce que tu sais".

(Tyerno Bokar, Le Sage de Bandiagara)

SECRET

Le chef ne dit pas ce qu'il doit taire.

Le secret est une vertu pour l'initié, celui qui a été appelé à connaître les grands mystères et les révélations.

• Cache ton départ, ton or et ta route, car seul celui qui cache son secret est maître de sa vie. (Mauritanie).

• Ne confie pas tes secrets dans un désert entouré de collines, car l'écho les révéleraient. (Egypte).

• Celui qui cache son secret a le bien dans sa main. (Afrique de l'Ouest).

• Celui qui quémande ne commet pas de faute, mais il dévoile son secret. (Madagascar).

• C'est le fait de conserver qui a mis le secret au monde. (malinké/Afrique de l'Ouest).

• La solitude est le nid des pensées. (Afrique du Nord).

• La nuit est faite pour la vie privée. (bambara/Mali).

• La nuit est la robe des sorciers comme celle des initiés. (peul/Afrique de l'Ouest).

• On ne dit pas tous ses secrets à la femme d'une nuit. (malinké/Afrique de l'Ouest).

• A l'apprenti, on ne montre pas les ébauches. (Kenya).

• Mieux vaut laisser le reste que le tout. (bambara/Mali).
(Ne pas tout dévoiler)

• Le grand grenier a gardé le secret de la maison somptueuse du voleur. (Madagascar).
(Les soupçons vont rarement vers un riche)

• La poule est sous le grenier, c'est vrai, mais dire qu'elle est sous le grenier des graines d'oseille, cela est parole de villageois. (bambara/Mali).

(Les secrets d'un village sont connus par tous)

• Il n'est pas difficile de voler la flûte de son compagnon, mais comment en jouer ? (Guinée).

• Le possesseur de l'enclos ne raconte pas ce qui se passe dans l'enclos. (peul/Afrique de l'Ouest).

• Le fond de la pirogue ne dit pas ce qu'il y a au fond de l'eau. (Cameroun).

• De la forêt profonde rien ne se fait entendre. (Cameroun).

• Pour le couteau, il n'y a point de secret à l'intérieur de l'igname. (Bénin).

• Pour tuer, le lion en chasse ne rugit pas. (malinké/Afrique de l'Ouest).

"En général, dans chaque village du Vieux Mandingue, il y a une famille de griot traditionnaliste qui détient la tradition historique et l'enseigne (...) Toute science véritable doit être un secret." (Djibril Tamsir Niane, Soundjata ou l'épopée mandingue).

SIDA

C'est la maladie de cette fin de siècle, certains disent "l'Extrême maladie". Elle est comme un avertissement : l'homme peut-il prétendre être le maître de l'univers ? Un virus arrive ... et nous sommes complètement désarmés ...

• Le maître du corps doit veiller sur son propre corps. (créole/Antilles).

• Dans la vie, l'homme n'est propriétaire que d'une seule chose : sa maladie. (bambara/Mali).

• Pour cacher sa maladie, il n'y pas de médicaments. (Ethiopie).

• La maladie ne connaît pas le chemin du coeur. (bambara/Mali).

(Le coeur résiste souvent à la maladie)

• Quand le sexe est malade, il devient à nouveau le bien exclusif de son propriétaire. (Bénin).

"Le sexe est l'un des dons les plus précieux de Dieu, mais l'activité sexuelle ne doit être traitée cavalièrement ni par les hommes ni par les femmes (...) Deux fois par jour, je m'installe tranquillement et je visualise le combat de mon corps contre le virus (...) Avoir le sida, c'est vivre dans le couloir de la mort, sans savoir quand on sera appelé". (Arthur Ashe (1943-1993) Jours de grâce, Mémoire) Noir américain, Numéro Un mondial de Tennis, 1975, Fondateur de l'International Tennis Players Association.

SILENCE

Faire silence en soi pour être à l'écoute de l'autre, pour ne pas parler de façon inconsidérée, pour dire seulement ce qu'il est nécessaire de dire.

Mais jamais le silence qui serait lâcheté ou omission coupable.

• Le silence est le contrepoison de tout. (bambara/Mali).

• Si la parole construit le village, le silence bâtit le monde. (bambara/Mali).

• Le silence est la douce médecine du coeur. (Afrique du Nord).

• Le muet chante sa complainte dans le silence de son coeur. (Madagascar).

• Si ce que tu vas dire n'est pas plus beau que le silence, alors tais-toi ! (malinké/Afrique de l'Ouest).

"Sois à l'écoute ! Tout parle. Tout est parole. Tout cherche à nous communiquer quelque chose, une connaissance ou un état d'être indéfinissable mais mystérieusement enrichissant et constructif. Apprends à écouter le silence, dit la vieille Afrique, et tu découvriras qu'il est musique !" (Amadou Hampâté Bâ, in Courier de l'Unesco, février 1976).

"Jadis le monde était comme la demeure de mon père (...) le monde n'était pas silencieux et neutre. Il vivait. Ici, maintenant, le monde est silencieux, et je ne résonne plus. Je suis comme un balafon crevé, comme un instrument de musique mort." (Cheikh Hamidou Kane, L'Aventure ambiguë).

"Nous avancions vers une destinée sombre et inconnue, poussés par une force à la fois aveugle et inhumaine (...) La soif tenaillait les gorges, et la salive devenue rare et pâteuse ne pouvait réussir à la tromper. Mais le silence librement consenti était de rigueur chez les "esclaves." (Etienne Goyémidé, Le Dernier Survivant de la Caravane), Ecrivain Centrafricain né en 1942.

SOLIDARITE

Don de solidarité à qui est faible. Fraternité agissante dans le partage et l'entraide. Ainsi l'individu face aux épreuves de la vie n'est jamais seul.

• La vraie solidarité, ce sont les bras et les jambes. (Ghana).

• Si tu voles pour en faire des dons, tu restes dans les conflits. (Madagascar).

• Solidaires comme les cornes du zébu qui accompagnent toujours ses oreilles. (Madagascar).

• La poule ne donne pas de lait, mais nourrit ses petits avec la chaleur de son corps. (Tanzanie).

"En Afrique traditionnelle, le lignage est important pour tout individu car il constitue le foyer de solidarité où chacun trouve protection, aide, soutien,, tout au cours de sa vie." (J.M. Dictionnaire des Civilisations africaines).

"La solidarité est le sentiment qui nous lie secrètement à tous nos frères noirs du monde, qui nous amène à les aider, à préserver en commun notre identité." (Aimé Césaire).

SPORT

Hymne du corps à la persévérance, à l'effort et au dépassement de soi. Leçon de courage et d'abnégation.

• La lutte convient aux concurrents de même classe d'âge. (wolof/Sénégal).

• Qui fait ce que personne n'a jamais fait, verra ce que personne n'a jamais vu. (bambara/Mali).

• Quand tu marches, le pagne dure; quand tu es assis, le pagne s'use. (Congo).

• Poussière aux pieds vaut mieux que poussière au derrière. (foulfoudé/Nigéria).

"L'athlète reçoit sa robustesse de la nature. Mais c'est par des exercices constants et appropriés qu'il l'entretient et le développe." (Amadou Hampâté Bâ, Aspects de la civilisation africaine).

"Chaque homme fait don de sa force à toute la communauté et le lutteur sera célébré par le village comme un symbole vivant, dépositaire de toutes les forces psychiques et de toutes les capacités créatrices." (Christian-Sina Diatta, L'esprit et la force dans la culture jola, in Peuples du Sénégal).

"Spectacle total, alliant mélodies et rythmes, tenues d'apparat et de tous les jours, textes poétiques et profonds, gestuelle savante complexe et recherchée, la lutte est un cadre privilégié d'évacuation des tensions sociales sur la base des valeurs d'excellence." (A. Raphaël Ndiaye, La lutte traditionnelle chez les Sérére, in Peuples du Sénégal).

"Dans mes lettres à mes enfants, je leur conseillais vivement la pratique du sport, de jouer à des jeux de rapidité comme le basket-ball, le football et le tennis pour qu'ils se vident l'esprit de tout ce qui pouvait les tracasser (...) La boxe, c'est l'égalité. Sur le ring, le rang, l'âge, la couleur de la peau et la richesse n'ont plus cours". (Nelson Mandela, Un long chemin vers la liberté).

Echo venu d'ailleurs :

Le Serment Olympique " Nous jurons que nous nous présentons aux jeux olympiques en concurrents loyaux respectueux des réglements qui les régissent et désireux d'y participer dans l'esprit chevaleresque pour l'honneur de nos pays et la gloire du sport". (Discoport 97, Encyclopédie du Sport).

T

COMME TEMPS

En ces temps-la
Nous allions partout où
Les oiseaux vont
Hommes de liberté et de courage
Nous allions dans les grottes
Dans les criques dans les falaises
Nous allions partout où
Les oiseaux vont

Nous allions par chemins de lianes
Par sentiers de bambous
A la force des bras
A la force de l'ardeur

Nous allions partout où
Les oiseaux vont

Nous allions cacher l'Amour
Dans les nids d'hirondelles
Dans les nids d'oiseaux de feu

En ces temps-là
Nous allions partout où
Les oiseaux vont.

TAM-TAM

Tam-tam, instrument venu de la nuit des temps pour rythmer la vie, le battement des coeurs, l'élan qui pousse à la transcendance.

Le tam-tam est là quand il y a la joie.

Le tam-tam est là quand il y a la douleur.

Le tam-tam est toujours annonciateur.

• Le tam-tam a raison de la guitare. (peul/Afrique de l'Ouest).

• C'est tout le tam-tam qui résonne mais c'est l'endroit frappé par les mains qui blanchit. (malinké/Afrique de l'Ouest).

• Si le tam-tam est déchiré, le propriétaire se retrouve seul pour le suspendre à son cou. (bambara/Mali).

• Le gros tam-tam résonne bien en l'absence du tambour d'aisselle. (malinké/Afrique de l'Ouest).

• Si remplie que soit la place publique, il faut une place pour poser le grand tam-tam. (malinké/Afrique de l'Ouest).

• Quand un tam-tam se met à résonner jusqu'à l'ivresse, il n'est pas loin d'éclater. (Bénin).

• Il ne faut pas battre le tam-tam d'un roi avec la faucille. (bambara/Mali).

• Quand le chat est absent, les souris sortent le tam-tam. (malinké/Afrique de l'Ouest).

• A suivre les caprices du singe, on finit par manquer de peau pour couvrir le tam-tam. (malinké/Afrique de l'Ouest).

"Les tambours constituent l'un des grands livres vivants de l'Afrique, substituts des rois, oracles, postes d'émission, cris de guerre, chroniqueurs, ils traduisent et actionnent le mouvement historique des villages et des royaumes." (Joseph Ki-Zerbo, Histoire générale de l'Afrique, Tome 1, Unesco).

TRAHISON

Un de ces mots les plus horribles qui existe.

• Si tu aimes la trahison, le regret tissera des fils en toi. (malinké/Afrique de l'Ouest).

• Qui fuit un tricheur pour se lier d'amitié avec un traître n'a pas fini de s'empoisonner. (Rwanda).

• Un franc ennemi vaut mieux qu'un faux ami. (bambara/Mali).

• Le lâche est semblable à du sable : même si tu le pétris avec de l'eau, il s'écroulera. (malinké/Afrique de l'Ouest).

• Tu m'envoies puiser de l'eau, et tu excites le léopard contre moi ! (Zaïre).

• Une femme indigne te trahit alors qu'elle te fait un oreiller de son bras. (Burundi).

• Quand tu vois le pantalon de ton ennemi sur ton ami, dis : nouvel ennemi, bonjour !" (malinké/Afrique de l'Ouest).

• Tuer ton unique ami, ce n'est pas difficile , en trouver un second, voilà ce qui est difficile. (malinké/Afrique de l'Ouest).

• Si tu vois que l'endroit par où on te coupe la tête est large, c'est que la main d'un de tes parents s'y trouve. (malinké/Afrique de l'Ouest).

• Si tu creuses un trou en traître, ne le creuse pas profond, tu ne sais pas si c'est toi qui tomberas dedans. (bambara/Mali).

• Si tu creuses neuf trous de ruse, c'est toi-même qui tombera dans le dixième. (malinké/Afrique de l'Ouest).

• Si tu vois une chèvre dans le repaire d'un lion, aie peur d'elle. (Madagascar).

• C'est le cheval que tu engraisses qui te tue. (songhaï/Mali).

• Il ne faut jamais tuer la chamelle qui vous nourrit. (touareg/Mali, Niger).

• Le serpent qui a mordu ton enfant ne te servira jamais d'amulette. (Burundi).

• Le serpent qui mord à l'aide de sa tête est malmené par sa queue. (Zaïre).

• Le serpent ne hait pas autant celui qui le tue que celui qui dit : "Le voilà !" (créole/Antilles).

• Si on voit l'intestin d'une poule se dresser seul, c'est qu'il y a un bâton dedans. (bambara/Mali).

• Cancrelat continue à t'enduire de fard noir, la poule ne s'y trompe pas. (Zaïre).
(Le traître est rapidement démasqué)

• Le pas d'un complot n'a pas de son. (bambara/Mali).

"Je souhaite qu'après moi en Guinée, en Afrique ou en n'importe quel lieu du monde des enfants, des vieillards et des femmes ne paient plus de leur vie l'irresponsabilité d'hommes qui, au lieu de créer et d'entretenir la liberté, la torpillent. Vivent la Justice et la

Liberté !" (Lettre de prison du 24-12-76 de Diallo Telli (1925-1977) in La mort de Diallo Telli).

"Vivre comme un chacal et mourir comme un Dieu ! L'homme de rien, même en s'en allant, nous aura piétinés." (Seydou Badian, Le Sang des Masques).

TRAVAIL

La glorification du travail est notre leit-motiv parce que nous sommes des hommes dignes, voulant participer à la grande oeuvre de la création. Le travail porte en lui-même sa récompense.

• Quand l'étranger arrive, nourris-le pendant deux jours; le troisième jour, donne-lui un outil." (Afrique).
(Il faut exclure tout parasitisme)

• Le travail est comme pour la teinture : c'est celui qui plonge le tissu deux fois qui obtient une couleur foncée. (Madagascar).

• Travailler de bonne humeur rend la tâche plus facile et repose le coeur de sa fatigue. (Kenya).

• Partir le matin de bonne heure se décide le soir. (malinké/Afrique de l'Ouest).

• C'est avec l'eau du corps que l'on tire l'eau du puits. (Mali).

• Celui qui veut le son du mil, pose le van sous le mil. (malinké/Afrique de l'Ouest).

• Celui qui te précède dans le sommeil te précédera à l'éveil. (peul/Afrique de l'Ouest).

• Celui qui se réveille et se lève au premier chant de perdrix profite du meilleur fruit tombé la nuit. (Cameroun).

• Si le ventre a de quoi manger, c'est que les pieds ont bougé. (lari/Congo).

• Si tu te caches derrière une houe, on ne te verra pas. (malinké/Afrique de l'Ouest).

• Si tu as décidé d'enterrer un cadavre, ne lui laisse pas un pied dehors. (bambara/Mali).

• Si tu n'acceptes pas que le soleil te frappe le dos, la lune ne te frappera pas le ventre. (Côte d'Ivoire).

• Dire : "mon couteau est à la maison" ne dépèce pas le gibier dans la brousse. (malinké/Afrique de l'Ouest).

• On n'enlève pas son boubou pour un travail sans repas. (malinké/Afrique de l'Ouest).

• C'est en remuant l'herbe que l'on prend des criquets. (malinké/Afrique de l'Ouest).

• C'est pendant que le vieux seau est encore là qu'il faut en fabriquer un neuf. (touareg/Mali, Niger).

• La poule du soir ne cherche pas des graines pour ses poussins. (dioula/Côte d'Ivoire).

• Ne pas avoir de multiples préoccupations, comme l'oeil de celle qui tresse, mais n'avoir qu'un souci, comme la cruche qui ne pense qu'à l'eau. (Madagascar).

• Ne faites pas les choses comme les chiens qui soignent leurs plaies : quelques coups de langue et tout est dit. (Madagascar).

• Si nombreux que soient les travaux finis, ceux qui restent à faire sont plus nombreux. (bambara/Mali).

"Le travail s'éxécutait au rythme du balafon. Les musiciens étaient là, animant les travailleurs. Les dameurs frappaient le sol au son de la musique, les porteurs de terre allaient courant et chantant. Ainsi, on oubliait la misère, on revenait à la vie." (Jean Ikelle-Matiba (1936-1984), Cette Afrique-là).

"A huit ans sur les chemins de l'Afrique,
Je regardais ma mère fabriquer la blanche farine de mil,
Je suivais mon père au champ,
Je gardais les chèvres derrière le village,
Je savais tirer avec mes flèches de bois
A huit ans, je tuais le margouillat dans le buisson."
(Boubou Hama, Kotia-Nima)

TYRANNIE

Cela veut dire la mort de la liberté, de la justice et de l'égalité.

Cela veut dire domination aveugle et barbare d'un peuple à genoux.

• L'abus de la force use la force, l'abus du pouvoir use le pouvoir. (mossi/Burkina Faso).

• Une seule tête ne déchire pas un bonnet de roi. (malinké/Afrique de l'Ouest).

• Si le fils du roi a bâti en ta présence la toiture d'une case, le lendemain il t'y pendra pour te faire boucaner. (Burundi).

• Si tu aimes l'huile, il ne fallait pas tuer le coupeur de noix de palme. (Peul/Niger).

• Quand tu traverses une rivière, il peut t'arriver d'être avalé par un crocodile, mais ne te laisse pas mordre par les petits poissons. (bambara/Mali).
(Savoir se rebeller pour ne pas tout subir)

• Qui se fait petit panier ramassera des cendres. (Burundi).

• Qui tape sur un panier couvert de suie, reçoit la suie sur sa tête, sur son corps. (Cameroun).

• C'est au cadavre qu'il convient d'être pris de partout. (Madagascar).
(Ne pas dépouiller un homme vivant)

• Les voisins de la forge reçoivent toujours des escarbilles.

• La corde neuve démange le cou de la chèvre. (malinké/Afrique de l'Ouest).

• Si la tête du serpent est coupée, le reste n'est plus qu'une corde. (bambara/Mali).

• Les hautes herbes peuvent avaler les pintades mais ne peuvent avaler leurs cris. (peul/Afrique de l'Ouest).

• Une sauterelle sur la terre rouge, bien que ses ailes soient coupées, ne cesse de crisser. (Madagascar).

• La civette dépose ses ordures à la source où elle a bu. (Gabon).

• Un petit rapace habite volontiers parmi les criquets pour les manger. (malinké/Afrique de l'Ouest).

• L'épervier mort, les poules reprennent leur caquet. (Bantou/Angola).

• Quand on torture une grenouille, elle finit par mordre. (malinké/Afrique de l'Ouest).

• Quand il n'y a plus de viande, c'est sur l'étal que tombe le couperet. (Madagascar).

• La chèvre broute à l'endroit où elle est attachée. (Cameroun).

• Si un petit arbre est sorti de terre sous un baobab, il meurt abrisseau. (malinké/Mali).

"*La vraie régression chez l'homme, c'est la régression morale. Elle devient catastrophique si elle est étayée par des moyens puissants de domination ou de destruction.*" *(Amadou Hampâté Bâ, Aspects de la civilisation africaine).*

"*Quand le lion a rugi, nulle antilope n'ose bramer aux environs. Il en est de nous comme de l'antilope. N'étant pas les plus forts, nous n'avons qu'à nous taire. Il y va de notre tranquillité.*" *(René Maran (1887-1960), Batoula), Ecrivain martiniquais.*

"*Il faut être l'intime du chien pour jouir de sa joie de vivre servile; dans la tristesse de son regard il y a le pardon et le reproche. Et souvent après, la curée ! (Tchicaya U Tam'si, Epitomé), Grand Prix de poésie au Festival mondial des arts nègres de Dakar, en 1966.*

"*Un homme peut arracher le plant d'un manguier, voire détruire une plantation de manguiers, mais jamais l'espèce*". *(Henri Lopes, Le Pleurer-Rire), Ecrivain congolais né en 1937.*

"*L'homme continue de mourir en tous ceux qui se taisent face à la tyrannie*". *(Wole Sonyinka, Cet homme est mort), Prix Nobel de Littérature en 1986).*

"*L'araignée faisait vibrer sa toile et tout s'y accrochait pour rebondir, gonflé de haine et de révolte meurtrière contre ces hommes casqués, farouches et muets, qui défendaient encore un ordre réduit à une cité vaincue par le soleil.*"*(Williams Sassine (1944-1997), Le Jeune Homme de Sable).*

U

COMME UTOPIE

Hommes et femmes de toute sorte
Enfants de la Grande Utopie
Nous brassons des milliers d'étoiles
Pour les jeter à la mer
Et elles fleurissent en coraux de lumière.

Sous soleils de minuit ou aurores boréales
Nous regardons voler les oiseaux de bronze.
Les gladiateurs funambules sur cratère de lune
Nagent pour aller caresser Mars et Vénus
Pendant qu'aux lucarnes défilent les galaxies.

Hommes et femmes de toute sorte
Enfants de la Grande Utopie
Nous ne sommes ni anges ni bêtes
Mais toujours prophètes
des chants inédits
Mais toujours messagers
des mots interdits

Mais toujours marcheurs

des sentiers du paradis

Notre horizon est de l'autre côté

de l'horizon

Enfants de la Grande Utopie

UNITE

Principe premier de la divinité. Idéal vers lequel nous tendons lorsque l'amour habite notre ciel. Car l'unité est aussi fusion.

• L'entente fait croître l'humanité (bambara/Mali).

• Accord des tambours, accord des xylophones, accord des tambourins oui, mais, rien ne vaut l'accord entre les fils . d'Adam. (bambara/Mali).

• Inutile de savoir compter jusqu'à dix pour soi-même, si l'on ne connaît pas l'unité pour autrui. (Madagascar).

• Nous sommes d'une même famille : fouillez la terre, c'est la même souche; ramassez le tout, c'est la même corbeille. (Madagascar).

• Comme le riz et l'eau : unis dans les champs, inséparables dans la marmite. (Madagascar).

"Dans la vie, rien n'est inutile car il ne faut pas oublier que le baobab, le plus gros arbre du Sahel, sort d'une petite graine." (Amadou Hampâté Bâ, Conférence sur la Paix, Le Mont Sion, 21 juin 1961).

"Nos ancêtres étaient plus vivants : rien ne les divisait d'eux-mêmes ... Le soleil de leur savoir ne peut-il vraiment rien à l'ombre de notre peau ?" (Cheik Hamidou Kane, L'Aventure ambiguë).

"La cité future, grâce à mon fils, ouvrira ses baies sur l'abîme d'où viendront de grandes bouffées d'ombre sur nos corps desséchés, sur nos fronts altérés. Je souhaite cette ouverture, de toute mon âme. Dans la cité naissante, telle doit être notre oeuvre ..." (Cheik Hamidou Kane, L'Aventure ambiguë).

"C'est le Roi Tout-Puissant qui fait périr les pousses de mensonges,
Lui qui fait germer la paix, la fait grandir et fleurir,
s'épanouir les fleurs, s'exhaler leurs vertus plénières
pour donner des fruits suaves, parfumés, qui n'écoeurent point
afin que quiconque en mange, soit rassasié et plus jamais n'ait faim.
(A. Hampâté Bâ, L'Eclat de la grande étoile).

V

COMME VOIX

Avant que nos voix ne s'éteignent
médiocres les jours
maussades les nuits
et cette chienne de vie
haletant
le bol d'air
à la surface du jour
Regardez-le cet
homme-poisson
happant
pitances miettes sur les chemins étrangers.

Avant que nos voix ne s'éteignent
nos yeux de paroles muettes
se creusent à l'infini de l'horizon
nos mains de lèpre desséchées
s'agrippent à des branches de bois mort
nos pieds d'asphalte en asphalte
piétinent la poussière des cadavres

et le ciel nous tourne maintenant le dos
nous qui marchons depuis le premier matin.

Avant que nos voix ne s'éteignent
faut-il battre le rappel
aux quatre coins de la terre
en un ultime sursaut d'espoir désespéré
faut-il battre le rappel des mânes de nos pères
pour un holocauste de suppliques brûlantes
faut-il battre le rappel des jours oubliés
pour un dernier soubresaut de dignité ?

VENGEANCE

La vengeance est une faiblesse. Réfléchis bien à ce que je viens de te dire. Si la sagesse habite ton coeur, l'idée de vengeance te seras étrangère.

• Mieux vaut passer la nuit dans l'irritation de l'offense que dans le repentir de la vengeance. (touareg/Mali, Niger).

• Si tu manges le duvet d'un enfant, il te mangera les cheveux blancs. (Burundi).

• Si l'hyène dévore l'amant de ta femme, tu n'en es pas responsable, mais tu n'en es pas mécontent. (malinké/Afrique de l'Ouest).

• Si tu veux te venger d'une femme, envoie-lui un beau jeune homme. (Mauritanie).

• Si une femme te déteste, avec un fil de toile d'araignée, elle dressera devant toi une muraille de fer. (Afrique du Nord).

• Si la jeune mariée n'a pas été mise à cheval, qu'on ne lui fasse pas porter la selle sur sa tête. (Afrique).
(Ne pas faire subir un affront à une personne qui ne le mérite pas)

• Si tu tues ton chien méchant, celui d'autrui te mordra. (malinké/Afrique de l'Ouest).

• Une querelle entre parents fume mais ne flambe pas. (bambara/Mali).

• Sur la tête qu'on a blessée, on ne revient pas enlever les poux. (Zaïre).

• Tu ne peux pas frapper la mouche qui s'est posée sur ta main qui tient le chasse-mouche. (Rwanda).

• La pierre est par terre, le pied est par terre, il faut qu'ils se heurtent l'un à l'autre. (malinké/Afrique de l'Ouest).
(Certaines disputes sont inévitables)

• On ne va pas à une réunion de singes sans être touché par la queue d'un singe. (malinké/Afrique de l'Ouest).

• Ce que la chèvre a fait subir à l'acacia sera rendu à la peau de chèvre qui sera tannée avec le jus des gousses de l'arbre. (bambara/Mali).

"*Je veux garder ma fureur, ma honte, ma dégradation aiguisées comme une lame de couteau, lisse et élégante comme une pointe de fer de lance braqué droit au coeur de mon ennemi....*" *(Thiong'o wa Ngugi, La Blessure au coeur), Ecrivain kényan né en 1938.*

"*Si un jour, vous me trouvez étendu, mort, je ne veux pas que le désir de vengeance vous fasse commettre un seul acte de violence." (Martin Luther King).*

VERITE

La vérité est une quête permanente qui ne nous laisse aucun repos.

• La chose la plus difficile pour un sujet, est de regarder le roi en face et de lui dire la vérité sans dévier. (peul/Mali).

• Quand tu lances la flêche de la vérité, trempe la pointe dans du miel. (touareg/Mali, Niger).

• La vérité passe par le feu sans se brûler. (malinké/Afrique de l'Ouest).

• La vérité comme le piment mûr rougit les yeux mais ne les crève pas. (bambara/Mali).

• Il est des vérités qui ne demandent pas à voir le jour. (malinké/Afrique de l'Ouest).

• Tu découvriras la vérité en voyant que Dieu a dessiné, sans encre, les tâches de la pintade. (bambara/Mali).

• Qui dit toujours la vérité se promène avec son linceul. (bambara/Mali).

• Que l'homme sincère achète un bon cheval pour fuir lorsqu'il dit la vérité. (haoussa/Niger).

• La tromperie, si elle a fait dîner, ne fera pas souper. (peul/Afrique de l'Ouest).

• La médisance ne tue pas quelqu'un, c'est une vérité : l'homme ne peut pas être apprécié par tout le monde. (sénoufo/Côte d'Ivoire, Mali).

"La vérité est comme une braise ardente, elle brûle qui ne l'a pas comprise. Pour pouvoir être saisie, elle doit être enveloppée dans quelque chose." (Amadou Hampâté Bâ, Sur les traces d'Amkoullel l'enfant peul).

"La vérité qui sème la discorde n'est pas vérité, le mensonge qui tisse, unifie les gens, est vérité." (Sembène Ousmane, Le Mandat).

"La langue ne contient pas d'os. On peut la retourner pour mieux mentir. Le visage est plus vrai, même quand on cherche à le contrefaire. Aussi, ne parlez qu'en regardant votre interlocuteur de face pour éprouver sa franchise." (Massa Makan Diabaté, Comme une piqûre de guêpe).

"La vérité a la finesse de l'eau
ou de la brise qui souffle
recouvrant l'espace en tous lieux.
Ne t'entête pas à contredire; tu en serais aveugle;
Cherche à comprendre et tu auras raison !"
(Bain Rituel peul
in L'Eclat de la grande Etoile, A. Hampâté Bâ)

VIE

Il n'y a rien de plus précieux que la vie. Tout le reste n'est que parole vaine.

• La vie est un roseau. (Bénin).

• La vie est un ballet : on ne le danse qu'une fois. (malinké/Afrique de l'Ouest).

• La vie est comme le feu : flamme, fumée et cendre. (Afrique du Nord).

• La vie est une cité dont on ne sortira pas vivant. (ashanti/Ghana).

• La vie est une tente dont les plis voilent les malheurs. (touareg/Mali).

• La vie est comme un rêve : est-ce en vivant que nous rêvons ou est-ce en rêvant que nous vivons ? (peul/Afrique de l'Ouest).

• La vie est semblable aux branches d'un palmier à huile au bord de l'eau. (Bénin).

• La mort est le fruit de la vie. La vie est le fruit de la mort. (dioula/Côte d'Ivoire).

• Celui qui indique une route droite, communique la vie. (Madagascar).

• Il est plus difficile d'avoir une longue vie que de trouver un endroit où dormir. (bambara/Mali).

• Même si l'homme a une haleine fétide, cela ne l'empêche pas d'avaler sa salive. (Bénin).

• Un homme peut vieillir et garder sa jeunesse, mais il ne peut mourir en gardant sa vie. (bambara/Mali).

• Le grand chemin, quelle que soit sa longueur, débouche sur une maison. (malinké/Afrique de l'Ouest).
(Comme toute chose, la vie a une fin)

• Si tu vois la vie partir, tant que tu n'as pas vu son retour, tu n'as rien vu. (bambara/Mali).

"Il est dans l'ordre des choses que la vie s'alimente à la source vive de la vie. Mais la vie qui gaspille la vie s'échange contre la mort muette et stérile de la pierre et du feu." (Seydou Badian, Noces sacrées).

"La vie désormais est mon immense désir de partager
De partager avec vous, les vôtres

- tous les vôtres
l'envoûtante richesse du monde d'où je viens."
(Francis Bebey, in Littératures nationales d'écriture française)

"Je ne sais en quel temps c'était, je confonds toujours l'enfance et l'Eden
Comme je mêle la Mort et la Vie - un pont de douceur les relie".
(L.S. Senghor, Ethiopiques).

"Dans la vie des hommes, il arrive toujours une heure où l'individu, s'il ne les saisit au passage, verra passer sans retour les bénédictions et la prospérité, car celles-ci jamais plus ne reviendront, jusqu'au moment où il descendra dans la terre glacée de la tombe. Mais celui qui aura su attendre cette heure et surveiller avec vigilance son passage, celui-là se rendra maître de bénédictions et de richesses qui ne le déserteront jamais." (Thomas Mofolo, Chaka, une épopée bantou).

Echo venu d'ailleurs :

"J'ai mis devant toi la vie et la mort,
La bénédiction et la malédiction (...)
Choisis la vie afin que tu vives ..."
(Moïse)(XXIIIe avant J.C.)

VIEILLESSE

Le jour va de l'aurore au midi puis au crépuscule. La vieillesse est le crépuscule de la vie de l'homme. Ce n'est pas une fin. C'est un passage. Comme le crépuscule conduit à la nuit.

• La vieillesse est comme un tissu de raphia : quand il est neuf, il produit toujours un bruit soyeux, et quand il est usé, il a toujours des aspérités. (Madagascar).

• Pendant la vieillesse on se chauffe avec le bois qu'on est allé chercher pendant sa jeunesse. (bambara/Mali).

• Tous les hommes rampent avant de marcher, puis marchent avant de ramper à nouveau. (bambara/Mali).

• Ce que l'enfance a laissé à quelqu'un, la barbe blanche le retrouve. (malinké/Afrique de l'Ouest).

• La bouche du vieillard est fétide mais elle profère des choses bonnes. (bambara/Mali).

• La parole des vieillards est la crotte de l'hyène : fraîche, elle est noire, puis elle blanchit. (bambara/Mali).
(La parole suit toujours la réflexion)

• Ce que le vieillard voit assis, le jeune ne le voit pas debout. (bambara/Mali).

• C'est l'oeil du vieillard qui fait mûrir le haricot. (malinké/Afrique de l'Ouest).

• C'est à force de réfléchir que la vieille femme parvient à transformer le mil en bière. (malinké/Afrique de l'Ouest).

• Vieille femme qui se farde est un anneau de cuivre recouvert de dorure. (Mauritanie).

• La vieillesse est un boisseau de fonio : on ne peut pas en compter les graines. (malinké/Afrique de l'Ouest).

• Le chien qui a vieilli chasse les sauterelles. (malinké/Afrique de l'Ouest).

• Quelque soit l'âge d'un ancien sac de piment, il fera toujours éternuer celui qui le secoue. (bambara/Mali).

• La grande jarre est un personnage, mais quand vient le petit gobelet, elle se découvre. (Madagascar).
(Les jeunes succèdent aux anciens)

• L'eau d'hier n'est pas dans le puits d'aujourd'hui. (Afrique).

(Tout être humain vieillit)

• Le singe n'est jamais trop vieux pour monter à l'arbre. (bamiléké/Cameroun).

(Le vieillard transmet son expérience)

• Bois sec est soutenu par bois vert. (malinké/Afrique de l'Ouest).

(Les jeunes prennent en charge les parents)

• Le vieux maillet assouplissant l'écorce tombe avec son étoffe patinée. (Burundi).

(Les hommes sont utiles à la communauté jusqu'à la fin de leur vie)

"De nos jours, du fait de la rupture dans la transmission traditionnelle, quand l'un de ces sages vieillards (dépositaires du savoir) disparaît, ce sont toutes les connaissances qui s'engloutissent avec lui dans la nuit. Et je ne souhaite cela ni pour l'Afrique, ni même pour l'humanité (...) En Afrique, un vieillard qui meurt, c'est une bibliothèque qui brûle." (Amadou Hampâté Bâ, Aspects de la civilisation africaine).

"Elles sont toujours couchées dans le hamac
- C'est cela.
Elles ne voient plus
- C'est cela.
Lorsque tu parles, si tu ne hausses pas la voix
- Oui ?
Elles ne t'entendent pas
- C'est cela.
Elles sont avec la pensée
- C'est cela.
Celles-là sont devenues Esprit
- Tu dis vrai.
(Chant de griot mandingue,
in La Mort africaine, L.V. Thomas)

VIOLENCE

Nous vivons dans un monde de violence. Mais, il ne faut pas confondre les actes de violence et les actions de violence. Les actions de violence subies par un peuple finissent toujours par des actes de violence. Les journaux souvent ne parlent que de ces derniers.

• Si le jour s'était levé au milieu de la nuit, on trouverait que ce ne sont pas seulement les hyènes qui sont mauvaises. (Afrique).

• La belle-mère qui se mêle de tout, reçoit le tiers des coups de bâton destinés à la femme ! (Abyssinie/Ethiopie).

• Quand on frappe un enfant, on ne l'empêche pas de pleurer. (baoulé/Côte d'Ivoire).

• Seules les leçons apprises dans la douleur ne s'oublient pas. (sarakollé/Mali).

• C'est augmenter la violence du courant que de nager dans la rivière en remontant vers sa source. (Madagascar).

• On ne peut détourner l'attaque d'une bête sauvage les mains nues. (Afrique du Sud).

• On a jamais vu un chien qui appelle un homme et le bat ensuite. (Cameroun).

• Chercher à tuer la lune qui se reflète dans l'eau ! (Madagascar).

• C'est trop fort que les poux, auxquels on fait déjà l'honneur de les porter sur la tête, osent encore vous piquer ! (Madagascar).

"Nous avons encore le choix aujourd'hui entre la coexistence pacifique et l'anéantissement réciproque par la violence". (Martin Luther King (1929-1968 -assassiné à Memphis), Apôtre de la non-violence).

"La non-violence est le premier article de ma foi, et aussi le dernier. (...) La non-violence est la plus grande force dont dispose l'humanité (...) La destruction n'est pas la loi des hommes". (Mohandas Gandhi, "Mahatma" (1869-1948 -assassiné), Apôtre de la non-violence).

"A mesure que je creusais davantage la philosophie de Gandhi, mon scepticisme sur le pouvoir de l'amour diminuait progressivement. J'en arrivais à voir pour la première fois que la doctrine chrétienne de l'amour, mise en oeuvre par la méthode gandhienne de non-violence, est l'une des armes les plus puissantes dont puisse disposer un peuple opprimé dans sa lutte pour la liberté. (Martin Luther King, La force d'aimer).

W

COMME WAGONS

Des wagons
Des dizaines de wagons
Qui s'en vont à l'aube
Vers je ne sais quel
Dachau, quel Auschwitz

Des wagons
Des dizaines de wagons
Qui s'en vont à l'aube
Vers je ne sais quel
charnier, quelle hécatombe

Parfois, au milieu de la nuit
Un train siffle dans ma tête
Des fantômes aux lucarnes
Lancent des bras dans le vide

WALKMANN

C'est la solitude en musique. On marche dans la rue. On court. On est assis dans l'autobus. On lit son journal ... L'appareil est dans la poche. Deux cordons le relient à vos oreilles. Alors, vous êtes dans la bulle, tout seul au monde, dans la musique martelant le tympan.

• Ce n'est pas la chanson qui est belle mais c'est le message. (Mali).

• Si tout le monde dansait, qui serait spectateur ? (Cameroun).

"Préserver la musique, c'est avant tout préserver l'homme qui la produit (...) Promouvoir la musique africaine, c'est faire participer l'Afrique à la vie artistique du monde entier." (Musique africaine, in Almanach africain 1984, A.C.T.T.).

"Pour sensibiliser l'auditoire, la voix d'un chanteur messager doit être puissante pour atteindre le coeur de chaque individu dans une foule immense. Le coeur, réceptacle des sentiments, nourrit l'espoir et la générosité. (Sorry Bamba, De la Tradition à la World music).

X

COMME MALCOLM X

De mon être
a jailli un cri
un cri rauque
à face de vipère,
aux dents de crocodiles.

De mon coeur
monte la nausée,
une nausée nauséabonde
dégoûtante à en mourir.

De mon intelligence brûle
la révolte
la révolte intempestive
la révolte révolutionnaire.

Il va falloir se réveiller, ouvrir grand les yeux
Quand ils vous donnent la chasse
comme à des bêtes fauves.

Il va falloir fuir devant leurs chiens
Leurs chiens aux dents d'acier
Quand à vos trousses ils poussent des abois,
des abois diaboliques.

Il va falloir ramper sous leurs poings
Leurs poings de fer et de mortier
Quand à la volée ils vous frappent à la tête.

Mais vous vous relèverez pour dire NON !
Et le poing bandé, vous gueulerez à la face du monde,
Que vous êtes des hommes,
Et que vous restez debout !

XENOPHOBE

Le xénophobe a l'horizon sur le bout de son nez.

• Si tu donnes des coups de cornes, donne-les contre ceux qui en ont. (Madagascar).

• Aucun bâton fourchu ne peut soutenir le ciel, aucune main d'homme ne peut cacher le soleil. (Madagascar).

• Les fauves d'une même espèce entrent ensemble dans le même trou. (peul/Mali).

• Dés qu'elle naît, l'épine est déjà pointue ! (Mauritanie).

"Si je meurs en ayant apporté la plus petite lumière, la plus petite parcelle de vérité, si je meurs en ayant pu contribuer à détruire le cancer raciste qui ronge la chair américaine, alors tout le mérite en revient en Allàh. Ne m'imputez que les erreurs." (Malcolm X (1925-1965 -assassiné à Harlem) ,in Autobiographie de Malcolm X, Malcolm X et Alex Haley). Leader politique noir américain, Fondateur de La Mosquée musulmane Inc. et l'OAAU, Organisation de l'Unité américaine-africaine.

"Espérons tous que les sombres nuages du préjugé racial seront vite chassés et que le lourd brouillard de l'incompréhension se dissipera sur nos communautés possédées par la peur, de sorte qu'en un lendemain pas trop lointain les lumineuses étoiles de l'amour et de la fraternité brilleront au-dessus de notre grande nation, dans toute

leur scintillante beauté. (Martin Luther King, Je fais un rêve).

"C'est au cours de ces longues années solitaires que la faim de liberté pour mon peuple est devenue faim de liberté pour tous, Blancs et Noirs. Un homme qui prive un autre homme de sa liberté est prisonnier de sa haine, il est enfermé derrière les barreaux des préjugés et de l'étroitesse d'esprit (...) l'opprimé et l'oppresseur sont tous deux dépossédés de leur humanité." (Nelson Mandela, Autobiographie), Prix Houphouët-Boigny en 1992, Prix Nobel de la Paix en 1993.

"J'ai vidé mon sac foulant tous les asiles
Sur le rouge en Australie, sur du jaune en Asie,
Sur du pâle en Europe
Tous m'ont remercié
Me disant "sale nègre"
Et j'ai passé mon chemin".
(Alkaly Kaba, Nègres, qu'avez-vous fait ?)

Y

COMME YOLES

Les yoles
Où vont les yoles par dizaines
Par centaines sur le bleu des vagues

Où vont les foules en Martinique
Par milliers dans la mer au Vauclin
Par milliers sur les plages à Sainte Anne
Par milliers sur les berges à Schoelcher ?

C'est chaque année le même spectacle
Au mitan du mois d'août
Dans la chaleur et la soif
Une course de pirogues sans pareille
La célébration des noces de la mer et des vents
Un tour de l'Ile aux fleurs sous la voile

Les yoles s'en vont
Glissant sur la mer des Caraïbes
Comme un tapage de vagues
Comme un chahut de poissons volants
Comme un geyser d'écumes et d'embruns
Traînant dans leur sillage des filets de joie.

YEUX

Les yeux ne servent pas seulement à voir. Les yeux parlent. Les yeux souffrent. Les yeux pleurent de joie. Les yeux pleurent de chagrin.

Les yeux sont le miroir de l'âme.

• Les yeux qui aiment n'ont pas honte de regarder et le coeur qui aime n'a pas honte de donner un message. (Madagascar).

• Ceux qui s'aiment se reconnaissent toujours au coup d'oeil. (Congo).

• Les yeux n'ont pas de barrière. Nous ne savons rien à côté de ce que nous ignorons. (Antilles).

• Les deux yeux sont égaux dans la tête, c'est vrai, mais cependant c'est à celui dans lequel quelque chose est entré que va la main. (peul/ Afrique de l'Ouest).

(Les hommes sont égaux, mais le secours doit aller vers ceux qui sont dans la détresse)

• Regarde les yeux des autres comme les mailles d'un panier. (Cameroun).

• L'oeil et l'ami, la moindre des choses suffit à les blesser. (malinké/ Afrique de l'Ouest).

• L'oeil va où il ne veut pas, mais le pied ne va jamais où il ne veut pas. (malinké/ Afrique de l'Ouest).

• L'oeil du maître fait lever beaucoup de pâte. (Burundi).

• L'oeil ne voit pas ce qui le crève. (peul/ Afrique de l'Ouest).

• Quand l'oeil démange, on le gratte toujours très doucement. (Burundi).

• Une petite chose refuse d'entrer dans l'oeil mais elle ne refuse pas d'entrer dans la bouche. (malinké/Afrique de l'Ouest).

• L'oeil ne porte pas de charge mais il sait ce que la tête est capable de porter. (bambara/Mali).

• Regarder en l'air l'inaccessible, c'est s'emplir les yeux de corps étrangers. (peul/Afrique de l'Ouest).

• Si le poisson sort de l'eau et prétend que le crocodile n'a qu'un oeil, qui pourra le contredire ? (malinké/Afrique de l'Ouest).

• C'est à l'oeil qui a vu la fumée d'aller retirer les braises du feu. (Togo).

• C'est l'oeil qui se mêle à tout regarder, et c'est le coeur qui se charge de trésors dangereux. (Madagascar).

• Le buisson qui se pousse en avant brûle sous l'oeil des notables. (malinké/Afrique de l'Ouest).

• Le borgne remercie Dieu de son oeil lorsqu'il rencontre un aveugle. (Afrique du Nord).

• L'aveugle ne pose son bâton qu'à l'endroit où il trouve son point d'appui et son équilibre. (Bénin).

"*Mes yeux viennent à peine de s'ouvrir à ces mystères de l'Afrique éternelle et dans ma soif de savoir, j'a dû plus d'une fois sacrifier ma petite prétention d'intellectuel en veston devant les silences des traditions quand mes questions par trop impertinentes voulaient lever un mystère.*" *(D.T. Niane, in la chronique de Soundjata ou l'Epopée mandingue).*

"*Donne moi deux lèvres*
et de l'encre claire pour ma langue

qui couvrira le lait
une grande lettre d'amour pour la terre
... car comme je meurs les yeux ouverts
ma chanson ne périra pas."
(Breteyn Breytenbach, Testament d'un rebelle)

"Mère, sois bénie !
Reconnais ton fils à l'authenticité de son regard,
qui est celle de son coeur et de son lignage;
Reconnais ses camarades reconnais les combattants,
et salue dans le soir rouge de ta vieillesse
L'AUBE TRANSPARENTE D'UN JOUR NOUVEAU
(Léopold Sédar Senghor, Hosties noires)

Z

COMME ZABOU

Tu l'appelais Zabou
Et pour toi elle était tout
Elle était l'unique
Elle était l'indispensable
Elle était ta vie

Alors,
Quand elle est partie, ton être
a sombré tel un naufrage
La solitude dans l'insupportable nostalgie ...

Ecoute, mon ami
Je te le dis comme un présage
Zabou reviendra
A l'orée d'un jour clair
Avec sur les lèvres
Le baiser des retrouvailles
Sa main dans ta main
comme un départ

Et toi
Tu te léveras
comme un homme
Pour marcher avec elle
Vers un nouveau soleil.

ZEBU

Ses cousins portent des noms plus doux à l'oreille : vache, boeuf, taureau, bison ... Lui, il s'appelle Zébu. Est-ce parce qu'il est africain ?

• Un zébu maigre chargé de cornes longues doit bien se résigner à les porter. (malinké/Afrique de l'Ouest).

• Les zébus sont liés par leurs pattes, les hommes par leurs engagements. (Madagascar).

• Un Peul dépourvu de vache est une coque de pain de singe qu'on jette après l'avoir ramassée. (Afrique de l'Ouest).

(La vache est la principale richesse d'un Peul, pasteur et nomade)

• Si aveugle que soit le Peul, il sait que le lait est une chose blanche. (malinké/Afrique de l'Ouest).

• Ne pas garder les vaches à la manière de l'oiseau pique-boeuf : il ne gagne rien, il ne boit pas de lait, les vaches ne lui appartiennent pas. (malinké/Afrique de l'Ouest).

• C'est par la rosée qu'on augure de l'hivernage, de la vache qu'on espère du lait, du lait qu'on espère du beurre. (peul/Mali, Niger).

• Nul ne trait la vache qui n'a pas le pis gonflé. (dogon/Mali).

• C'est celui qui a du lait qui peut faire la crème. (bambara/Mali).

• Si le berger a le couteau facile, son troupeau ne croît pas. (peul/Afrique de l'Ouest).

• Destin étrange que celui d'une tête de zébu cuisant sur un feu de bouses sèches : ce que la langue a arraché du sol prend une bien terrible revanche. (Madagascar).

• La fourmi perchée sur la corne du zébu s'imagine qu'elle est pour quelque chose dans le balancement de sa tête. (Madagascar).

"Sous la vache, je trais pour m'abreuver et abreuver l'enfant;
Je fais cailler le lait et j'en abreuve la femme.
Le lait de la veille est pour celui qui n'a pas souffert,
Qui se couche au frais et respire largement
dont la peau se défripe et le corps devient lisse".

(Le Bain rituel peul, Lootori,
in l'Eclat de la grande étoile, A. Hampâté Bâ)

" .... J'ai des vaches
Comme les richesses de Dieu :
Comme la falaise a des singes,
Comme la montagne a des sources,
Comme la lande a des antilopes,
Comme la rivière a des poissons,
Comme la forêt a des oiseaux,
Comme la grande brousse a des éléphants,
J'ai des vaches ..."

(Poème peul recueilli par Gilbert Vieillard,
Cantate des vaches in L'Islam noir,
Vincent Monteil)

INDEX

C

D

E

F

G

H

I

J

K

L

M

N

O

P

R

S

T

U V

W

X Y Z

BIBLIOGRAPHIE

A

ALAMANACH AFRICAIN 1984, Agence de Coopération Culturelle et Technique, Paris.

ACHEBE Chinua, Le Monde s'effondre, Présence Africaine, Paris, 1966. Femmes en Guerre, Hatier, Paris, 1981.

ADIAFFI Jean-Marie, La Carte d'Identité, Hatier, Paris, 1980. D'Eclairs et de foudres, CEDA, Abidjan, 1989.

ALEXIS, Jacques Stephen, Compère Général Soleil, Gallimard, Paris, 1955.

ALMEIDA-TOPOR D'H., Les Amazones, Ed. Rochevignes, Paris, 1984.

ANQUETIL Jacques, Afrique Noire 1, L'Artisanat créateur, Dessain et Tolra, Paris, 1977.

ASHE Arthur, Jours de grâce, Mémoire, Belfond, Paris, 1993.

B

BA HAMPATE Amadou, Aspects de la civilisation africaine, Présence Africaine, 1972. L'Eclat de la grande étoile suivi de Laayeteré Koodal, Le bain rituel, Lootori récits initiatiques peuls, (Collaboration. L. Kesteloot, Ch. Seydou et Alpha I.Sow), Paris, A. Colin, "Classiques africains" (texte peul et traditionnel) 1974. (Avec M. CARDAIRE) Vie et enseignement de Tierno Bokar, Le Sage de Bandiagara, 1957, Ed. du Seuil, "Point Sagesse", Paris, 1980. Mémoires,

Amkoullel L'Enfant peul, Tome I, Actes Sud, Arles, 1991. Jésus vu par un musulman, N.E.A. 1976, Stock, Paris, 1994. Contes initiatiques peuls, Njeddo Dewal, mère de la calamité, Kaïdara, N.E.I., 1993, Stock, Paris, 1994.

BA Mariama, Une si longue lettre, N.E.A., 1979.

BADIAN Seydou, Sous l'orage, suivi de La Mort de Chaka, Présence Africaine, 1961. Le Sang des masques, Robert Laffont, Paris, 1976. Noces sacrées, Présence Africaine, 1977.

BANGUI Antoine, Les Ombres de Kôh, Hatier, Paris, 1993.

BAMBA Sorry, De la tradition à la World music, L'Harmattan, Paris, 1996. (Nous avons cité dans le Guide de la sagesse africaine de nombreux proverbes bambaras et peuls que Sorry Bamba nous a transmis oralement).

BEBEY Francis, Le Fils d'Agatha Moudio, C.L.E., Yaoundé, 1967. La poupée Ashanti, C.L.E., 1973.

BEMBA Sylvain, L'Ecrivain, le Journaliste, le Musicien, L'Harmattan, Paris, 1997.

BETI Mongo, Ville cruelle, Présence Africaine, Paris, 1954.

BHELY-QUENUM Olympe, Un piège sans fin, 1960. Le Chant du lac, Présence Africaine, 1965.

BLUM Dieter, Africa, Draeger Vilo, 1982.

BONI Nazi, Crépuscule des temps anciens, Présence Africaine, Paris, 1962.

C

CAMARA Sory, Paroles très anciennes, La Pensée sauvage, Grenoble, 1982.

CESAIRE Aimé, Cahier d'un retour au pays natal, 1939, Bordas, Paris, 1947. Discours sur le Colonialisme, Présence Africaine, 1956. Pour saluer le Tiers-Monde, Ferrements, Ed. du Seuil, 1959.

CLEGG Johnny, La Passion Zoulou, Seghers, Paris, 1988.

COUCHORO Félix, L'Esclave, 1929, A.C.T.T., 1983.

D

DADIE Bernard, Le fond importe plus, Présence Africaine VI-fév-mars 1956. Climbié, Seghers, Paris, 1956. Hommes de tous les Continents, Présence Africaine, Paris, 1967.

DAKEYO Paul, J'appartiens au grand jour, Ed. Saint-Germain-des-Près, 1979, Paris. Poésie d'un Continent.

DEPESTRE René, Pour l'Arbre. Bonjour et Adieu à la Négritude, Robert Laffont, Paris, 1980.

DEVEY Muriel, Hampâté Bâ, L'Homme de la Tradition, Livre Sud, NEA,1993, L'Harmattan, Paris.

DIABATE Amadou, La Jeunesse de Sundjata.

DIABATE Massan Makan, Si le feu s'éteignait, Ed. Populaires, Bamako, 1967. Janjon et autres chants populaires du Mali, Présence Africaine, 1970. Le Boucher de Kouta, Hatier, 1980. Comme une piqûre de guêpe, Présence Africaine, Paris, 1980. L'Assemblée des Djinns, Présence Africaine, 1985.

DIAKHATE Lamine, La Joie d'un Continent, Alès, PAB, 1954.

DIALLO Amadou, La Mort de Diallo Telli, Khartala, Paris, 1983.

DIARRA Mandé-Alpha, Sahel Sanglante sécheresse, Présence Africaine, 1984.

DICTIONNAIRE DES CIVILISATIONS AFRICAINES, Oeuvre collective, Hazan, Paris, 1968.

DIOP Alioune, in revue Présence Africaine, Paris, 1956, Juin-nov. N°VIII-IX-X.

DIOP Birago, Les Contes et les Nouveaux Contes d'Amadou Koumba, Ed. Fasquelle, Paris, 1947. Leurres et Lueurs, Présence Africaine, 1960.

DIOP David, L'Agonie des chaînes.

DISCOPORT 97, Encyclopédie du Sport, A.F.P, Paris.

DONGOLA Emmanuel, Jazz et vin de palme, Hatier, 1982.

DRAME Mamadou, Cérémonies et rites chez les Soninké, in Peuples du Sénégal, Sépia, Paris, 1996.

E

ELIADE Mircea, Le sacré et le profane, Gallimard, Paris, 1965.

ELIAN-FINBERT, Dictionnaire des proverbes du monde, Robert Laffont, Paris, 1965.

F

EVERETT Suzanne, Les Esclaves, Fernand Nathan, Paris.

FANON Frantz, Peau noire, Masques blancs, Seuil, Paris, 1952.

FINLEY Diana, Le Niger, Autour d'un fleuve, E. Gamma, Paris-Tournai, 1976.

G

GOYEMIDE Etienne, Le Dernier Survivant de la Caravane, Hatier, Paris, 1985.

H

HAMA Boubou, Kotia-Nima, Présence Africaine, 1969.

HALEY Alex, Autobiographie de Malcom X, 1965. Racines, Ed. Atla, Paris, 1977.

HAZOUME Paul, Doguimici, Ed. Larose, Paris, 1938, L'Harmattan, Paris, 1986.

HISTOIRE GENERALE DE L'AFRIQUE, 1. Méthode et préhistoire africaine, Présence Africaine/EDICEF/UNESCO, Paris, 1986.

I

IKELLE-MATIBA Jean, Cette-Afrique là, Présence Africaine, 1963.

J

JOACHIM Paulin, Piètres moissons.

K

KABA Alkaly, Nègres, qu'avez-vous fait ? Ed. Populaires, Bamako, 1972.

KAKE Baba Ibrahima, Mémoire de l'Afrique, Les Légions noires, Les Batailles célèbres, La Diaspora noire, N.E.A., 1976, ABC, Paris.

KANE Cheikh Hamidou, L'Aventure ambiguë, René Julliard, Paris, 1961.

KEITA Aoua, Femme d'Afrique, Présence Africaine, 1979.

KEITA Fodeba, Chansons du Djoliba in Poèmes africains, Seghers, Paris, 1950.

KING Martin Luther, JR, La force d'aimer, Tournai, Casterman, 1964. Je fais un rêve, Bayard Editions, Paris, 1987.

KI-ZERBO Joseph, Histoire de l'Afrique Noire, Hatier, 1978. Compagnons du Soleil, La Découverte/UNESCO, Paris, 1972.

KONATE Moussa, Le Prix de l'Ame, Présence Africaine, 1981.

KOUROUMA Ahmadou, Les Soleils des Indépendances, Ed. du Seuil, 1970.

L

L'AFRIQUE LITTERAIRE N°76 revue, "Sembène Ousmane", 1985.

LAYE Barnabé, Une femme dans la lumière de l'aube, "Chemins d'Identité", Ed. Seghers, Paris, 1988. Mangalor, Ed. Seghers, 1989.

LAYE Camara, L'Enfant noir, Plon, Paris, 1953.

LITTERATURE AFRICAINE, J. FALQ, M. KANE, Tome 1, N.E.A., Nathan Afrique, Paris, 1974.

LITTERATURE AFRICAINE, Histoire et grands thèmes, Hatier, 1990.

LOPES Henri, Pleurer-rire, Présence Africaine, 1982.

LUNEAU René, Chants de femme au Mali, Luneau-Ascot, Ed., 1981.

LY Ibrahima, Toiles d'araignée, "Encres Noires", L'Harmattan, Paris, 1982.

M

MALCOLM X, Alex Haley, Autobiographie de Malcolm X.

MALONGA Jean, La Légende de M'Pfoumou Ma Mazono, Présence Africaine, 1959.

MANDELA Nelson, Long Walk to freedom, 1994. Un long chemin vers la liberté, A. Fayard, Paris, 1995.

MARAN René, Batoula, Albin Michel, Paris, 1921.

MASSON Loys, Les Noces de la vanille, Robert Laffont, Paris 1962.

MATIP Benjamin, A la belle étoile, Présence Africaine, 1962.

M'BOKOLO Elikia, Afrique Noire Histoire et Civilisations, Tome II, XIXe-XXe s, Hatier, Paris, 1992.

MENGA Guy, La Palabre stérile, CLE, Yaoundé, 1969.

METELLUS Jean, Louis Vortex, Gallimard, Paris.

MEYER Jean, Esclaves et Négriers, Découvertes/Histoire, Gallimard, Paris, 1986.

MINGUS Charles, Moins qu'un chien, "Pavillons", Robert Laffont, Paris, 1971.

MOFOLO Thomas, Chaka, une épopée bantou, Gallimard, Paris, 1940.

MONEMEMBO Tierno, Les Crapauds-brousse, Ed. du Seuil, Paris, 1979.

MONGO Beti, Ville cruelle, Ed. Africaines, 1954. Remember Ruben, U.G.E., 10/18, Paris, 1974.

MONOD Théodore, Le chercheur d'absolu, Paris.

MONTEIL Vincent, L'Islam Noir, "Esprit", Seuil, 1964.

MVIENA P. Tradition recueillie en pays beti, Univers culturel et religieux du peuple beti, Imp. Saint Paul, Yaoundé.

N

NDIAGNE Raphaël, Peuples du Sénégal, Sépia, Paris, 1996.

NDIAYE Bokar, Les Castes au Mali, Présence Africaine, 1995.

NGAIDE L. Mamadou, Le vent de razzia.

NGAL Georges, Giambatista Viko ou le Viol du Discours africain, Ed. Alpha-Oméga, 1975.

NGUGI wa Thiong'o, La Blessure au coeur, Enfant, ne pleure pas, Hatier, 1983.

NIANE Tamsir Djibril, Soundjata ou l'Epopée mandingue, Présence Africaine, 1960. Théâtre : Sikasso ou la dernière citadelle suivi de Chaka, P.J. Oswald, Paris, 1976.

NOTRE LIBRAIRE N°75-76, Littérature malienne, juillet-oct., Revue du Livre, L'Harmattan, Paris.

O

OLOGOUDOU Emile, Art et poétique sauvage, Littératures nationales d'écriture française.

OYONO Ferdinand, Le Vieux Nègre et la Médaille, René Julliard, Paris, 1956.

P

PAULME Denise, La Mère dévorante, TEL, Gallimard, 1976.

PEUPLES DU SENEGAL, Ouvrage collectif, Sépia, Paris.

PLIYA Jean, La Fille têtue, N.E.A., 1982. Les Tresseurs de corde, Hatier-CEDA, 1987.

POSTIF François, Les grandes interviews de Jazz Jot, Ed. de l'Instant, Paris, 1989.

Q R

RABEARIVELO Jean-Joseph, Cahier du Sud, N°135, Marseille, nov. 1931.

RABEMANANJARA Jacques, Antsar, 1948, Présence Africaine, 1956. Nocturne in Oeuvres complètes, Présence Africaine, 1978.

S

SARTRE J.P. Orphée noir, Ed. P.U.F., Paris, 1948.

SASSINE Williams, Le Jeune Homme de Sable, Présence Africaine, 1979.

SEID Joseph Brahim, Au Tchad sous les étoiles, Présence Africaine, 1962.

SEMBENE Ousmane, Les Bouts de bois de Dieu, Ed. Le Livre Contemporain, 1960. Guelwar, Présence Africaine, 1996.

SENGHOR Sedar Léopold, Préface in Le Tam-tam du Sage, Ed. du Cerf, Paris. Chants d'ombre, Ed. du Seuil, 1945.

Hosties noires, Ed. du Seuil, 1948. Ethiopiques, Ed. du Seuil, 1956. Dongon le Vautour in Oeuvre poétique, "Points-Seuil", 1990.

SISSOKO Dabo Fily, Les fleurs du parterre in Poèmes de l'Afrique Noire, Ed. Debresse, Paris, 1963.

SOCE Ousmane, Karim, roman sénégalais, Etampes, Impr. Marcel Puyfourçat, 1935.

SOW Cheikh Charles, Cycle de Sécheresse, Hatier, 1983.

SOYINKA Wole, La Route, Hatier, Paris, 1988.

T

TCHICAYA U TAM'SI Gérald, Epitomé, P.J. Oswald, 1970. La Prochaine escale. Les Méduses, Albin Michel, Paris, 1982.

THOMAS L.V./LUNEAU R., Les Sages dépossédés, Robert Laffont, Paris, 1977.

THOMAS Louis-Vincent, La Mort africaine, Payot, Paris, 1982.

TOUNKARA Kéba, Civilisations mandingues, in Peuples du Sénégal, Sépia, Paris, 1996.

TOURE Abdou et KONATE Yacouba, Sacrifices dans la ville, Ed. Dougan, Abidjan.

TU V W X Y Z

ZAHAN Dominique, Religion, spiritualité et pensée africaines, Payot, Paris, 1970.

TABLE DES MATIERES

648020 - Avril 2016
Achevé d'imprimer par